全面二孩政策下
促进女性就业问题研究

兰庆庆 著

人民出版社

目　录

绪　　论

一、问题的提出

（一）女性平等就业的复杂性问题

在 2017 年的全国两会记者会上，李克强总理明确指出，就业对我们这样一个 13 亿多人口的大国来说是最大的民生。而女性就业问题既属于这个最大民生的重要组成部分，又交织着由性别身份带来的一系列保障与干扰、平等与歧视，因此，女性平等就业历来成为学术研究和政策关注的一个独特领域。

一方面，任何公共政策的制定都建立在对某种因果关系的认识之上，这种因果关系的变动将触发公共政策的变迁。[①] 研究全面二孩政策下的女性就业问题，首先应建立在对就业与生育这对关系的正确把握上。女性就业与生育的关系始终处于不断变动之中。经典的经济学论述认为，妇女的劳动参与会提高生育子女的机会成本，降低生育意愿，因此就业水平与生育水平呈负相关。[②] 但现有的研究发现，以 1985 年为界，这对变

---

① 蒙克：《"就业—生育"关系转变和双薪型家庭政策的兴起——从发达国家经验看我国"二孩"时代家庭政策》，《社会学研究》2017 年第 5 期。

② G.S.Becker, *A Treatise on the Family*, Cambridge：Harvard University Press, 1991, p. 54.

量间的关系已经从传统经济学理论所认为的负相关转变为正相关。① 这主要是由于现代风险社会改变了女性的传统社会角色和价值追求,女性更加关注通过参与市场劳动获得经济上的安全和独立。因而,生育和家庭抚养责任,主要是指女性因生育而不得不经历的就业中断和收入下降,对女性而言反而成了一种实现个人价值的风险,为了规避这种风险,女性的生育意愿不断降低。因而,当前对于大多数女性来说就业才是建立家庭以及生育的前提和基础,也正是由于出现了这种正相关关系,才使得二孩政策出台后对女性就业问题的关注显得尤为重要,而关注通过推行促进女性就业的政策来提高生育率也就成为政府改进公共政策制定和实施的必然之举。

另一方面,对中国而言,女性就业受到政治、经济、文化、社会等多因素的影响,成为一个综合性、复杂性的问题。在政治方面,女性平等是落实国家宪法的要求。新中国第一部宪法就明确规定:"中华人民共和国妇女在政治的、经济的、文化的、社会的和家庭的生活各方面享有同男子平等的权利。"而且,毋庸置疑,此时女性就业率的不断增长也"是党和政府动员和保护女性参加社会生产劳动政策的必然结果"。毛泽东还在《中国农村的社会主义高潮》一书按语中指出:"中国妇女是一种伟大的人力资源。必须发掘这种资源,为了建设一个伟大的社会主义国家而奋斗。"因此,女性平等就业实际上已经是新中国妇女解放运动的重要组成部分。

在经济方面,女性平等就业属于女性参与经济的范畴,直接受经济发展及经济体制变迁的影响。我国由计划经济向市场经济转型后,女性由于生育特征所附着的自然成本使得女性很快成为劳动力市场的弱势群

---

① N. Ahn, P. Mira, "A Note on the Changing Relationship Between Fertility and Female Employment Rates in Developed Countries", *Journal of Population Economics*, No. 15 (December 2002), p. 667.

体。女性开始面临市场的性别选择,并在就业市场中呈现出典型的"机动性"特征。最具代表性的就是在我国 20 世纪 90 年代末经济转轨期,在"效率优先,兼顾公平"的分配原则指引下,女性成为企业改制裁员、下岗分流、减员增效的对象,出现了大量女性下岗职工。

在文化方面,女性就业问题受到新老文化的碰撞和冲突。一方面,受封建传统社会"男尊女卑""男主外,女主内"等"性别不平等"文化的浸染,在一段时期内,社会认同的女性社会身份主要是"贤内助",价值使命也主要是内化的"相夫教子"以及"勤俭持家"等。在文化惯性的影响下,这种传统思想依然停留在当代一些人的观念中,对新时代的女性就业形成阻碍。另一方面,当下社会及女性自身也日益认可女性应该在事业上有一定追求,整个社会形成了对女性职场与家庭的双重角色期待,既希望她们在市场中创造价值,又希望她们照顾好家庭。这种现代理念一方面推动女性不断走向市场就业,另一方面也造成了女性就业与生育的社会角色困境。

在社会方面,女性就业还与劳动力就业政策和人口政策等社会政策密切相关,特别是计划生育政策,这是研究女性平等就业问题一个不可回避的重要因素。计划生育政策主要通过对女性生育子女数量的规定而对女性就业产生影响。如独生子女政策一方面降低了由于资源稀释导致家庭减少对女性教育和健康投资的可能性,使得家庭对女孩的教育和健康倾注更多资源,提高了女性受教育水平,从而提升了女性就业的市场竞争力;另一方面,独生子女政策将女性生育子女的数量限定为一个,大大减轻了女性的生育和家庭照料负担,从而也扩大了女性的就业空间。全面二孩政策放开后,由于用人单位认为女性两次生育及照顾家庭会极大分散对工作的投入,导致生产效率降低,加上女性生育期企业要承担一定的时间和经济成本,出于自我利益考虑,用人单位会通过在招录、岗位设置甚至晋升方面对女性设限的方式规避这些成本,从而使得女性求职难、发展差、待遇低等就业不平等问题显露。

多元因素的交织，注定了女性就业历程的曲折和就业问题的复杂，也为女性就业问题的分析和解决增加了难度。本研究在多元因素中以社会政策因素为重点，探究女性在生育政策变迁下究竟经历了怎样的就业历程，在全面二孩政策下呈现出什么样的变化特点以及具有哪些规律性的启示。

（二）女性平等就业的二孩政策影响问题

全面二孩政策放开以后，这一政策立刻引发了学界与社会对女性就业问题的担忧和思考。北京市第二中级人民法院发布的一项数据表明，2011 年至 2012 年该院因女职工生育二胎引发的劳动争议案件均为零，但 2013 年至 2015 年，累计审理此类案件共计 78 件。2016 年 6 月 24 日，北京市劳动和社会保障法学会与中华女子学院法学院共同举办"全面二孩政策下女性平等就业的挑战与应对研讨会"，指出生育是用人单位不愿雇用女性的首要原因，用人单位招聘时为避免用工成本的增加，存在"限男性"或"男性优先"，问结婚生育、秒拒女性，减少怀孕、生育女性的职业培训和晋升机会等现象。显而易见，全面二孩政策放开后，竞争激烈的劳动力市场对女性职业发展的限制进一步显现，已婚且已育有一个子女的女性也优势不再，凡是育龄女性，用人单位都会考虑其存在生育两个孩子的可能，女性就业的门槛被提高，职场空间被压缩。

虽然全面二孩政策并非是造成女性就业不平等的根本原因，但实际上二者却存在某些程度上的关联。这种关联主要来源于女性天然所应享有的就业与生育的基本权利，但在实际生活中女性的生育权和劳动权却形成了较难兼顾的矛盾，这种矛盾的根本原因是时间和精力的稀缺性和有限性。由于我国生育成本大部分仍由家庭负担而非社会化的分担，在有限的时间和精力的约束下，加上缺少外部支持，女性若将时间倾注在生育和养育孩子方面,则会限制其就业;反之,女性参与市场劳动,其生育行为则会受到影响。因而,这种相关性不仅反映了生育与女性就业的现实对立,同时引发了对宽松生育政策下女性就业问题的极大关注。

习近平总书记在党的十九大报告中强调,就业是最大的民生。要坚持就业优先战略和积极就业政策,实现更高质量和更充分就业。……破除妨碍劳动力、人才社会性流动的体制机制弊端,使人人都有通过辛勤劳动实现自身发展的机会。因而,全面二孩政策下女性就业现状如何?具体产生了哪些影响?这些问题不仅是时代关切的话题,也成为本研究要讨论的主题和价值所在。

(三)女性平等就业的政策均衡促进问题

女性平等就业问题除与生育政策的动态演进相关外,还与其他相关政策,如女性就业、生育福利等公共服务政策的发展等密切相关,而这些构成了各阶段生育政策尤其是二孩政策的横向配套政策。此外,围绕就业问题,二孩政策与相关政策对象的博弈和互动,也构成了女性平等就业的政策均衡研究维度。

首先,女性平等就业问题部分受到了生育政策的影响。不同的生育政策结合时代背景和政策本身的成熟度,对其产生的影响也各有不同。中国自20世纪80年代开始实行的以独生子女政策为代表的计划生育政策,使广大女性摆脱了沉重的家庭生育压力,结合市场经济带来的机遇,女性有更多的时间、精力通过参与市场分工实现个人价值,从而提升了女性的市场地位。虽然这一期间也有对女性的生育歧视,但总体而言,这时期的生育政策提升了女性的家庭地位和社会地位,对女性平等就业的积极影响高于消极影响。全面二孩政策正式实施以后,宽松的生育政策下,无论女性实际发生的生育行为如何,企业普遍都会形成女性生育增多的预期,为了避免女性因两次生育给企业带来的直接损失(生育期间交社保)和间接损失(缺岗、工作中断、重新招聘等),企业会形成和强化在招聘中对男性劳动力的偏好,即基于性别差异不愿招录女性的性别歧视,从而也形成女性劳动力参与的"生育代价"。这是我国推行全面二孩政策对女性所产生的最直接的影响。由此也可以看出,女性平等就业问题与我国计划生育这一基本国策尚未形成政策效果均衡。计划生育基本国策和男女平等基本国策在这里不够协调,对女性生存与发展问题的重视度让位给对人口问题的公共治理的重视度。①

其次,任何一项公共政策问题都不是孤立出现的。单项公共政策在执行过程中也不能单独地、孤立地产生效果,全面二孩政策下的女性平等就业问题不仅跟生育政策有关,也跟其他政策处于一个有机联系的政策系统内有关,因此,中共十八届五中全会公报在提出全面实行二孩政策的同时,也建议提高妇幼保健、托幼等公共服务水平。相关专家学者也共同热切呼吁:"二孩政策,公共服务先行""二孩时代来临,公共服务要跟上",表明全面二孩政策的均衡发展离不开相关配套政策的支持。但政策变迁具有一定的路径依赖,即"在时间顺序中原因与前一阶段的事件相关",我国配套公共服务的发展还不够健全,制度的自我强化机制有可能会使这种既有的制度状态在全面二孩政策阶段依然保持,加上新政策的出台,需要相应的政策调适和适应期,特别是全面二孩政策相较"双独二孩"和"单独二孩"政策覆盖范围更大,现有的配套体系面临更大的转变和挑战。因而,全面二孩政策下,相关配套政策的发展程度以及在此基础上形成的两类政策的均衡态势如何,以及在这种均衡状态下女性平等就业产生的具体机理和客观影响是什么,成为从政策系统角度需要讨论的主要问题,识别并解答这些问题,也有利于从政策的完善、配套、转化上形成对女性就业问题的均衡促进。

---

① 叶文振、孙琼如:《公共政策的社会性别分析——以福建为例》,《山东女子学院学报》2013年第3期。

二、研究意义

(一)学术意义

1. 女性平等就业的政策环境研究

当前女性平等就业问题来源于生育政策和横向配套公共政策,特别是全面二孩政策与配套公共服务政策的交叉和均衡态势。因而,纵向的生育政策变迁和横向的公共服务政策配套,构成了女性平等就业纵横交错的政策环境。生育政策主要包括独生子女政策、全面二孩政策,以及局部性、短期性的双独二孩政策和单独二孩政策。横向的配套政策主要指公共服务政策,具体涉及教育、医疗卫生、就业、住房、税收、社会保障等。而将女性就业问题置于生育政策和相关横向公共政策背景下进行研究,探究女性平等就业问题与各类公共政策的关系,对于认清当前二孩政策下的女性平等就业的客观事实,并从政策调整角度找出女性就业不平等的解决思路是一个有益的尝试,且对于实现劳动力市场性别平等,提升女性社会地位,增进社会福利和效益,完善就业政策建构以及保证全面二孩政策的有效执行,都具有深刻的理论与现实意义。

2. 女性平等就业的产生机理研究

本研究主要以政策均衡的视角探究女性平等就业的产生机理。均衡这一理论和概念具有多学科应用性,且具有呈现事物全过程发展态势的特征,国内女性平等就业的研究较多,但把女性平等就业结合特定的二孩政策,并置于以生育政策为代表的基本国策,以公共服务政策为代表的配套政策等公共政策动态均衡的宏大视角开展系统性分析的还不多。女性平等就业问题主要源于以下几个方面的政策均衡态势:一是政策变迁均衡,即生育政策在变迁过程中自身的均衡发展,以及对女性平等就业产生的不同影响;二是政策系统均衡,即二孩政策和相关配套政策的系统均衡;三是政策效果均衡,即全面二孩政策对女性平等就业所形成的实际效果。从政策均衡的视角分析全面二孩政策下女性平等就业问题,既可以揭示我国人口生育政策的发展脉络和内在运行规律,也可以对全面二孩政策自身的政策完善性及其与女性平等就业的内在关系进行深刻剖析。在此基础上,进一步提出全面二孩政策与女性平等就业关系相互促进的政策调整建议,从而为全面分析女性就业问题开辟了一个新的研究思路,丰富了学术界关于女性平等就业的理论研究。

(二)实用意义

1.通过实地调查,提供了解女性就业状况的第一手资料

全面二孩政策正式实施以来,虽然对女性就业产生了一定的影响,但尚未形成有力的数据资料支撑,一些社会调查虽然也部分地显示了二孩政策背景下的女性就业状况,但由于政策效应及政策影响的发挥存在一定的地区差异性,因而,还需要因地制宜地分析。对此,本研究通过在重庆市的问卷调查,获得全面二孩政策影响女性就业平等最直接的数据,以此验证全面二孩政策与女性就业关系的理论,分析检验全面二孩政策对女性就业产生的影响及作用方式,并为相关制度建设的完善和强化提供参考。

2.通过对策分析,提出促进女性平等就业的政策建议

从计划经济到市场经济,从公共部门到私营部门,女性平等就业一直是党和政府的不懈追求。党的十九大报告指出,新时代我国社会主要矛盾已经转化为人民日益增长的美好生活需要和不平衡不充分的发展之间的矛盾。在当下经济、社会发生重大转型的新阶段,不公平成为经济和社会发展不平衡、不充分的重要一环。特别是全面二孩政策正式实施以来,凸显两性在社会经济领域不均衡、不平等的女性就业问题再次浮出社会。

因而,本研究通过分析全面二孩政策与公共服务失衡的机理、表现及影响,找出女性就业受到生育政策和配套政策影响的症结所在,并借鉴国内外成果经验探讨新时代混合多元环境下的女性平等就业问题,不仅对于促进女性平等就业具有很强的现实意义,也有利于增进社会公平,释放经济社会发展潜力。另外,也正如 2015 年《中国性别平等与妇女发展》白皮书所指出的那样,中国妇女占世界妇女人口的五分之一。中国性别平等与妇女发展既体现了中国的文明进步,也是对全球平等、发展与和平的历史贡献。

三、研究内容

本研究的主要内容有三个:一是女性平等就业问题的政策均衡分析;二是女性平等就业的政策影响研究;三是女性平等就业的调查分析。

(一)女性平等就业问题的政策均衡分析

女性平等就业问题涉及生育政策和配套政策两类公共政策。生育政策是调整和满足我国人口发展战略发展需要的重大公共政策供给。从政策均衡的视角讨论,可以从我国生育政策的发展变迁中揭示生育政策发展脉络和从历史的场域中把握不同生育政策供求演变状态。相关配套政策是生育政策系统的重要组成部分,它的发展及与生育政策的契合程度也决定了当前生育政策能否实现供给均衡,同时,这种政策系统的整合状态也决定了公共政策实施后的影响度差异,即政策效果。

因而,结合全面二孩政策背景,分析生育政策在其发展变迁中的政策变迁均衡,全面二孩政策和横向配套政策的政策系统均衡,以及反映全面二孩政策对女性就业影响度的政策效果均衡,这三个层面的均衡研究成为本研究的重点内容。

（二）女性平等就业的政策影响研究

女性平等就业问题既是一个世界性社会议题,又具有一定的国家色彩和区域性特征。它产生于国家独特的社会、政治与经济形态变迁中,受到各类公共政策运作与互动所形成的复杂政策环境的持续影响,是多维向度各类因素的集合体,同时也联动和触发其他问题的转向和发展。女性平等就业主要受到生育政策和配套政策这两类公共政策的显著影响。其中生育政策通过影响女性生育数量间接影响女性在劳动力市场的地位。全面二孩政策放开后,较之以往的生育政策,女性就业状况是否发生了较大改变,或者发生了怎样的改变,尚需进行客观呈现。且当下政策实施时间短,数据缺少,影响显现不足,全面二孩政策放开后,女性就业现状的变化成为研究的重点和难点。此外,由于生育政策调整的滞后性,各类配套公共服务政策的跟进速度也相对缓慢,且涉及内容也比较庞杂,与生育政策的均衡状态较难把握,也进一步增加了分析这类政策影响的难度。

总之,公共政策的均衡视角下(以生育政策为纵向,配套政策为横向,构成纵向为主、纵衡交错的政策背景)女性就业(主体内容)的新情况、新问题,成为本研究关注的主要内容。

（三）女性平等就业的调查分析

女性就业问题涉及方方面面,增加了调查研究的难度。研究过程中为了更好地了解全面二孩政策下女性平等就业现状,调查方法的选择、衡量维度的划分、调查主体的选定,以及数据分析都尤为重要,这些决定着对女性平等就业情况的客观性和科学性的把握,因而也是整体研究过程中需要把握的重点。

本研究以重庆市女性平等就业状况作为局部性的"点"进行调研。运用问卷调查法和座谈法,选取重庆市在业人员(含一般职员和管理者)

和应届毕业女大学生这两大代表性主体,从女性平等就业整体认知状况、就业环节、形式和程度等方面,具体分析全面二孩政策放开后对重庆市这一特定地区女性平等就业产生的影响,力求形成女性就业受生育政策调整影响的微观考察,成为本研究的又一主要内容。

四、研究思路、方法与框架

(一)研究的基本思路

女性平等就业问题是本研究的中心,生育政策与相关配套政策特别是公共服务政策的动态均衡状态共同构成了女性就业问题的政策背景。本研究分为纵向和横向两个基本分析维度。从纵向上看,全面二孩政策属于我国人口政策的一个新阶段,必然会出现许多新情况、新问题,女性平等就业问题就是其中一个尤为值得关注的方面;从横向上看,女性就业离不开相关就业支持政策的直接规范和引导。结合生育政策对女性所产生的影响,与女性就业问题相关的政策还包括法律法规、公共服务甚至是社区、家庭政策等。因而,女性就业问题受到纵向的人口政策发展演变和横向的公共服务等配套政策的综合影响。对此,本研究采用纵向的政策历史变迁和横向的政策匹配与对接相结合的思路,将女性就业问题置于纵横交错的政策网络中进行观照。

首先,以新中国成立以来生育政策变迁与女性就业发展作为研究的纵向时间维度,分析人口政策随着经济形态、人口结构和经济社会发展战略的变化而出现的动态变迁历程,并从女性就业在不同历史时期的变化出发,从历史场面上把握不同生育政策时期女性就业的基本走向。

其次,以最新的全面二孩政策作为横向时间连接点,分析全面二孩政策和横向相关公共服务政策的均衡状态,以及两类政策均衡状态对女性平等就业产生影响的机理和具体体现。分析全面二孩政策下女性就业现状及全面二孩政策对女性平等就业产生的具体影响。

最后,在总体上形成以女性平等就业问题为研究中心,以全面二孩政策为研究背景、以政策均衡理论为研究视角的基本思路。以此形成以女性就业问题研究为主,全面二孩政策及其政策均衡理论为切入点的基本构架,进而构成从政策领域调整促进女性平等就业问题的系统化研究(见图0.1)。

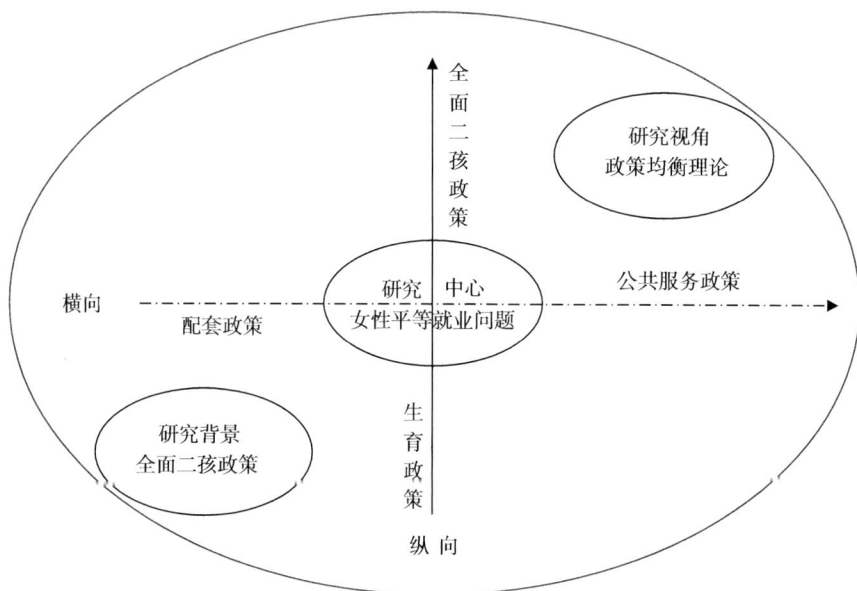

图0.1　研究基本思路图

(二)研究方法

文献研究法。文献研究法是指通过对目标相关文献的搜集、分类、整理以形成对事实的科学认知,并从中引出自己观点的方法。本研究借助各类数据库,通过系统分析现有与"生育政策与女性就业"相关的理论基础,搜集、梳理有关"政策变迁""动态均衡""全面二孩政策与女性平等就业"相关的研究文献,并对文献进行深入分析和述评,掌握目前与研究主题相关的研究方法和模式。以把握全面二孩政策与女性就业相关研究的趋势和方向,寻找研究的突破点。文献研究主要在于为研究寻找新的理论视角,理解和分析不同历史时期人口政策变迁的过程及内容,以及全面二孩政策失衡的原因和达成政策均衡、减少女性就业歧视引起的就业不平等的相关政策建议。

调查分析法。调查分析法是指通过实地面谈、提问调查等方式收集、了解事物详细资料数据,并加以分析的方法。本研究综合运用问卷调查法、座谈法,开展二孩政策对女性就业平等影响的实地研究。在借鉴和参考国内外相关成果的基础上,编制具有较高信度的问卷。配合选取代表调查对象进行座谈,从劳动力市场供求双方入手,实地了解企业、女性和相关组织对二孩政策放开后女性就业问题的态度和看法。最后,进行规范分析,结合理论分析和调查研究的结果,提出具体的促进全面二孩政策实现均衡的建议和措施。

比较研究法。比较研究法就是对两个或两个以上的事物或对象加以对比,以找出它们之间的相似性或差异性的一种分析方法。[①] 文章首先对比了全面二孩政策前后女性就业状况,以此对政策影响有一个具体的把握;其次通过对相关代表性国家的促进女性平等就业的相关政策进行了比较分析,在此基础上,结合中国的具体实际,形成对全面二孩政策背景下女性平等就业的政策借鉴和启示。

系统分析法。系统分析方法来源于系统科学,也是公共政策分析的基础方法。一切事物都处于与其他事物的相互联系之中,并由此组成了多层次的复杂系统。公共政策也不例外,不仅政策本身可以看成一个具有一定结构和功能的系统,而且也总是与其他政策相联系,处于一个系统

---

① 参见林聚任、刘玉安主编:《社会科学研究方法》,山东人民出版社 2008 年版,第 151 页。

的政策体系之中。本研究运用公共政策的系统分析方法,不仅着重从生育政策这一基本国策本身进行系统化分析,同时也对与全面二孩政策相关的法律法规和其他公共服务政策之间的相互联系、相互作用和相互制约机制进行了梳理。以此对我国女性平等就业问题进行综合考察,也为全面二孩政策选择最优的行动方向提供支持。

(三)研究的基本框架结构

以上述研究思路为基础,本研究以全面二孩政策为研究背景、以女性平等就业问题为研究中心,围绕这一中心并按照提出问题、分析问题、解决问题的研究逻辑,形成了研究的基本结构、基本层次,共同构建了本研究的基本框架(见图0.2)。

第一,提出问题。内容包括绪论部分。从问题的引入开始,介绍了研究的学术意义、实用意义和具体的研究思路。同时阐述了文章的重点内容和创新之处。

第二,分析问题。内容主要包括第一章理论分析与相关文献综述,第二章政策变迁与女性就业发展,第三章系统分析部分,第四章调查分析部分和第五章比较分析部分。其中重点章是第三、第四章。

一是理论分析部分(第一章)。对"政策均衡""女性平等就业""二孩政策"等核心概念作了界定,然后阐述了政策均衡理论、政策变迁理论、社会性别理论以及就业歧视理论等与女性就业及平等就业相关的代表性理论观点。并围绕"公共政策的均衡研究"和"二孩政策下女性就业的研究",对现有文献进行了描述和梳理,为后续研究提供系统的理论参考。

二是政策分析部分(第二章)。主要结合政策变迁理论,从历史的纵向维度上对我国的生育政策变迁和女性就业发展进行了分析。将我国的人口政策分为倡导生育政策期、独生子女政策期以及全面二孩政策期,并通过各个阶段生育政策形成过程、结果及影响展开具体讨论,把握我国生育政策运行的基本规律。此外,为了探寻生育政策对女性平等就业产生的一定的效应,讨论了三个生育政策阶段中女性就业的基本情况、基本特点和影响因素,总结了我国生育政策变迁与女性就业发展的基本走势和经验教训,以及对生育政策和女性就业状况的纵向分析。

三是系统分析部分(第三章)。在全面分析"二孩"相关公共服务政策发展状况以及存在的主要问题的基础上,结合新制度经济学动态均衡的演化路径,分析了全面二孩政策与公共服务政策的失衡机理。政策内部各方力量对比的失衡和外部与其他相关领域配套措施的联动不充分共同导致了两类政策的失衡状态,这种失衡导致女性就业权益保障政策的弱化,因而也对女性就业形成了冲击,使得女性面临退出劳动力风险、就业不平等以及增加了女性被排斥在非正规就业市场的可能,背离了公共政策的公平性,也不利于全面二孩政策自身价值目标的实现。

四是调查分析部分(第四章)。本章重点讨论当前的生育政策即全面二孩政策对女性平等就业所产生的具体影响。本章选取重庆市为案例,首先,结合相关统计数据,分析了重庆市女性就业的客观情况。其次,利用自编调查问卷和座谈法,对全面二孩政策下女性平等就业现状进行了实地调查。样本基于全面性的考虑,选择在职女性和应届毕业女大学生这两类已有工作经历和还没工作的两类群体作为调研对象。具体从在职女性的入职状况、晋升状况、留任状况三个环节,并结合单位性质、职位等特征进行交叉分析,以求全面展现二孩政策下女性平等就业现状,此外还捕捉了二孩政策下女性就业中出现的一些新动向。同时,对二孩政策下影响女性平等就业的因素进行了调查,并从政策效果均衡的角度具体分析,形成对二孩政策对女性就业产生影响的呼应和印证,也是对全面二孩政策具体效应的横向分析。

　　五是比较分析部分(第五章)。对"二孩"政策背景下女性平等就业问题的关注,最终落脚点仍在于落实生育政策的同时促进性别平等。以国外一些国家为参照范本,对其促进女性平等就业和缓解女性工作与家庭冲突的做法进行了系统的梳理,以期为我国二孩政策下女性就业的问题解决提供借鉴。

　　第三,解决问题。内容主要是第六章的二孩政策下女性平等就业保障机制的政策建议。重点针对全面二孩政策失衡的根源和我国的具体实际,基于政策均衡提出了促进全面二孩政策下促进女性实现平等就业的制度化对策建议。

　　另外,女性就业中的政策均衡分析是本研究的特色,也是研究的创新点,具体体现在政策分析的三个层次上:一是政策变迁均衡,主要体现在第二章的生育政策变迁上;二是政策系统均衡,主要体现在第三章的系统分析中;三是政策效果均衡,主要体现在第四章的女性就业状况分析中。

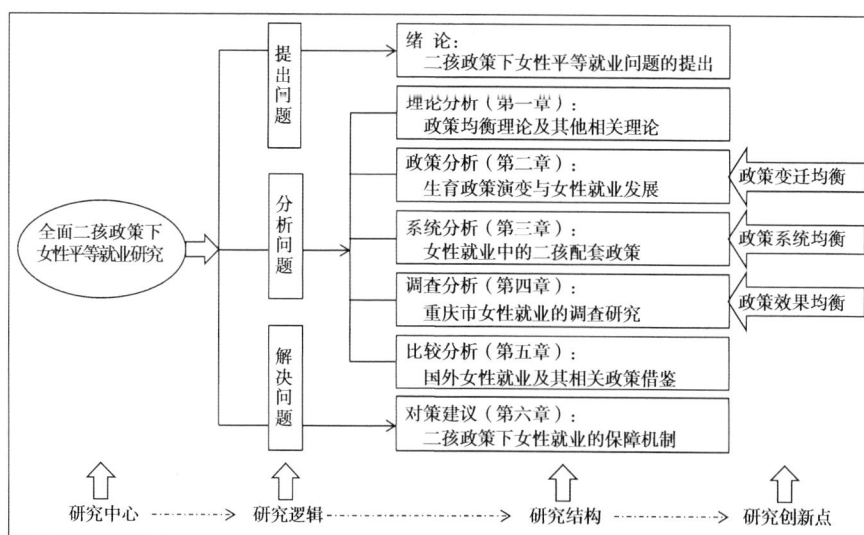

图0.2　研究的基本框架示意图

五、研究创新

本研究的主要创新之处,主要体现在以下两点。

(一)将女性平等就业置于复杂的政策环境中研究

与以往单纯将生育政策作为研究背景,或者仅从配套政策入手对女性平等就业进行研究不同,本研究立足于公共政策的整体性、公共性和公平性,将女性平等就业置于生育政策与配套政策这两大政策系统进行研究。生育政策包括了各个阶段我国指导生育的基本政策,配套政策包括了与二孩政策相关的公共服务政策。围绕女性平等就业开展两大政策系统的研究,既厘清了生育政策和公共服务政策对女性就业产生的影响,同时分析了二者对女性就业产生的政策作用,充分考虑了女性平等就业问题的复杂性和政策间的普遍联系性。由此,可以从公共政策视角全面展现女性平等就业问题的来源和产生过程,以及政策视域的解决路径。

(二)政策的均衡分析

它既是女性平等就业问题复杂性的具体体现,也是本研究的主要分析视角。基于政策均衡理论,本研究立足于更广阔的系统视角,深化和扩展了现有的政策均衡研究。将政策均衡扩展为三个层面:一是生育政策在其发展变迁中的政策变迁均衡;二是二孩政策和横向配套政策的政策系统均衡;三是二孩政策对女性就业影响的政策效果均衡。同时,两类政策的动态均衡、二孩政策中的政策效果均衡也深层次地反映了国家利益与个人利益、家庭利益的均衡态势。政策的均衡状态及其衍生的国家和个体利益的均衡,不但共同构成了女性平等就业的政策环境,同时也构成了基于均衡理论的扩展性研究。

第一章　理论基础与文献综述

第一节　核心概念

一、政策均衡

在管理学理论中,均衡就是通过厘清组织或系统内部各要素间的逻辑关系,以及其与外部环境相互间的发展变化规律,把握其运行机制,使其内、外部各要素在质、量和能等方面保持合理的"度",在结构方面保持相对稳定,在关系方面保持相互协调、相互适应,以期实现组织或系统的整体协调,从而发挥其最大效能。而动态均衡,则进一步强调了连续的时间维度上,各要素的协调和配套程度,以及在此基础上所形成的合力和目标达成状态。

从供求关系来看,政策均衡是指在影响人们的政策需求和政策供给的因素一定时,政策的供给适应政策的需求,[①]此时,政策处于一种人们不愿改变的满意状态。将均衡诉诸公共政策,一方面,反映了"政策社

---

① 于正伟、胡曼云:《政策、政策供求与政策均衡——公共政策研究的供求分析框架》,《内蒙古农业大学学报(社会科学版)》2010 年第 1 期。

会"中,各类公共政策相互之间存在着一种相互协调、相互配套、相互支持、相互适应、相互依赖的联动关系;另一方面,这种状态说明了试图通过出台单一政策来解决某个或某类公共政策问题是远远不够的,还需要有其他同等地位政策的支持和辅助,即"配套政策"或"政策组合拳"。因而,均衡概念的核心是对于公共政策所建构的复杂社会秩序的分析。运用均衡理论分析公共政策,通过研究政策之间偏离均衡点的原因,重新实现供需、力量对比均衡的路径选择以及探寻均衡的稳定性问题,也反映出人类在理性的指引下对一种稳定、有序的社会秩序或社会规律的探求。

本研究的政策均衡,主要指三个层面的政策均衡,一是生育政策在其发展变迁中的动态均衡,主要指随着经济社会环境的变化,生育政策与我国人口发展需要的供求演化状态。每一个新的历史生育政策的发生都代表前一时期的生育政策已由均衡走向不均衡,而新的生育政策的正式出台,又意味着政策由不均衡走向均衡。二是纵向的生育政策和横向配套政策的政策系统均衡,主要指生育政策和横向配套政策的相互关系及作用形态。三是二孩政策对女性就业影响的政策效果均衡,反映了生育政策的具体影响。前两个层面反映了政策供需的均衡,第三个层面则体现了政策力量对比的均衡。这三个方面的均衡状态共同构成了女性就业的政策环境。

二、女性平等就业

平等就业的概念分为狭义和广义两种,狭义的平等就业指劳动者在工作机会获得上的平等,而广义上的平等就业概念则将就业置于一种权利的视角,不仅包括寻求就业机会的过程平等,还包括从事工作的过程平等。《中华人民共和国劳动法》(以下简称《劳动法》)第三条规定:"劳动者享有平等就业和选择职业的权利、取得劳动报酬的权利、休息休假的权利、获得劳动安全卫生保护的权利、接受职业技能培训的权利、享受社会保险和福利的权利、提请劳动争议处理的权利以及法律规定的其他劳动权利。"这是广义的平等就业概念。《劳动法》第十二条规定："劳动者就业,不因民族、种族、性别、宗教信仰不同而受歧视。"这是狭义的平等就业概念。因此,平等就业权既包含了劳动者平等身份、平等权利、平等机会和平等规则等形式上的平等就业权,也包括禁止就业歧视、特殊群体就业保护、就业培训和就业社会保障等劳动者享有的实质上的平等就业权。也就是说,平等就业权是形式上的平等就业权和实质上的平等就业权的统一。①

《劳动法》第十三条对平等就业也作出了规定："妇女享有与男子平等的就业权利。在录用职工时,除国家规定的不适合妇女的工种或者岗位外,不得以性别为由拒绝录用妇女或者提高对妇女的录用标准。"这是狭义的女性平等就业概念。《劳动法》第七章规定了女职工的特殊劳动保护,其中第六十二条规定："女职工生育享受不少于九十天的产假。"这是广义的女性平等就业概念。平等就业是女性的一项基本人权,这种平等不仅体现在女性就业机会多寡、薪酬待遇的高低、职业地位的强弱上,还体现在与就业相关的女性身心发展的自由。

鉴于本研究对女性平等就业的论述是置于二孩政策特定背景中进行的,必然涉及女性就业与生育、生育政策的关系等,因此本研究的女性平等就业采用广义的概念,认为女性平等就业不仅包括就业机会的平等,就业过程中各个环节的平等,还包括女性所处的就业环境的平等,包括社会环境尤其是政策环境对女性平等就

---

① 周怀梅:《对平等就业权的简析》,《法制与社会》2011年第2期。

业的影响。

三、二孩政策

二孩政策是与独生子女政策,即"一孩政策"相比较产生的一种政策提法。二孩政策按产生的先后,包括"双独二孩"政策、"单独二孩"政策以及"全面二孩"政策。"双独二孩"政策指双方都是独生子女的夫妇可以生育第二个孩子。以 1984 年 4 月中共中央正式批转国家计划生育委员会党组《关于计划生育工作情况的汇报》,即 7 号文件为标志。2002 年,除河南省外,中国各省份皆放开了"双独二胎"政策。2011 年 11 月,"双独二胎"政策正式在中国实现了全覆盖。"单独二孩"政策指"允许有一方是独生子女的夫妻生育两个孩子"。这一政策于 2013 年 11 月正式实施。"单独二孩"政策是作为国家层面的一项政策正式提出和实施的,因此被称为是三十多年来我国计划生育政策的首次重大调整。

"全面二孩"政策最完善的政策概念是:"一对夫妇可生育两个孩子"。即所有夫妇,不分城乡、区域、民族,均可生育两个孩子。它在 2015 年 10 月 29 日,由中国共产党十八届五中全会公报正式提出,于 2016 年 1 月 1 日起正式实施。二孩政策的变迁,体现了我国生育政策由紧到松的发展脉络,但它仍是计划生育政策的延续。

由于"双独二孩"政策、"单独二孩"政策都属于短期的过渡性政策,"全面二孩"政策才是当前实施的国家政策,因此本研究所指的二孩政策均为"全面二孩"政策。

第二节　理论支撑

一、政策均衡理论

本研究的政策均衡理论是一个综合性理论,它起源于经济学的均衡理论,发展于政策学的间断—均衡理论。

均衡(Equilibrium),最初是物理学中的概念,指作用在质点上的所有力的合力(或矢量和)为零时的状况。[①] 处于均衡状态下的物体,如果没有外力的作用,会一直处于稳定和平衡的状态。根据《新帕尔格雷夫经济学大辞典》的收录,英国著名经济学家詹姆斯·斯图亚特(Jameso Steuart)于1769年首次将均衡概念引入经济学领域。之后,这一概念得以在社会科学研究中丰富和发展。经济学家用它来分析市场中的供求、价格、就业等多种经济现象,并发展出多种均衡描述,如一般均衡、稳定均衡、动态均衡、博弈均衡、长期均衡、局部均衡等。这一概念,在经济学当中已经成为一种教条形式,可见其重要性。在一般均衡的基础上,希克斯、萨缪尔森等发展出了静态一般均衡和动态一般均衡的理论。静态一般均衡被视为动态一般均衡的特殊状况,强调均衡状态的时间过程,即从一个暂时均衡状态到另一个暂时均衡状态的移动过程。动态均衡克服了一般均衡分析存在的时间困境。同时它也解决了一个系统(如公共政

---

① 　王骚、靳晓熙:《动态均衡视角下的政策变迁规律研究》,《公共管理学报》2005年第4期。

策)在稳定性和时间维度上的效率问题。① 也就是说,这一规律同样适用政策科学系统。

间断—均衡理论(Punctuated Equilibrium Theory,PET)是公共管理领域运用均衡思想分析政策过程的重要理论之一。它由弗兰克·鲍姆加特纳(Frank R.Baumgartner)和布赖恩·琼斯(Bryan D.Jones)于20世纪90年代提出。在1991年发表的《议程动态性和政策子系统》一文中,弗兰克·鲍姆加特纳和布赖恩·琼斯就已观察到:"从历史视角看,很多政策会经历长时期的稳定和短时期的剧烈反转。"并在1993年的著作中,二人将政策过程中稳定和变迁正式概括为"间断—均衡"。"政策过程中遵循较长时期的稳定和突然的变迁"也成为其理论内核。该理论范式认为,公共政策是决策者依据具体的决策情境而做出的动态选择。因而,"间断—均衡"虽然更多是对结果的描述②,但也描绘出政策过程的动态性特征。当下,间断—均衡理论已成为研究政策变迁驱动因素的主流思想,并得以不断发展。

上述关于政策均衡的理论表明,政策总是围绕着均衡上下波动。政策主体的主观性、政策情景的动态性以及系统内部的变动性都会使得政策运行偏离政策均衡点,出现非均衡状态,在政策主体的重新干预下,经过一定的时间序列政策,政策实施会重新形成一个新的均衡点,进而形成新的均衡。公共政策永远处于这样一个循环往复、动态运行的发展周期中。从"非均衡"到"均衡"再到"非均衡"这样一个封闭循环的过程,充分体现了均衡实现的动态稳定性和相对平衡性,即均衡也是暂时的,动态才是永恒的。

---

① 邓华、张凤军、杨建平:《"动态均衡"视域下的公共政策有效性分析》,《北京邮电大学学报(社会科学版)》2007年第5期。

② 李文钊:《向行为公共政策理论跨越——间断—均衡理论的演进逻辑和趋势》,《江苏行政学院学报》2018年第1期。

政策均衡理论为本研究提供了重要的理论依据,它有助于本研究围绕着生育政策下促进女性就业中"政策的系列均衡"问题进行理论思考。

二、政策变迁理论

变迁即变化、转移之意。政策变迁基本上就是一种对现行政策所从事的变革活动。[1] 变迁理论在西方政策领域经历了长期而丰富的发展时期。早期研究以20世纪50年代为开端,在对传统理性决策模式进行批判的背景下,形成了奉行逻辑经验主义的渐进主义学派。其代表人物林德布洛姆认为,政策变迁是对既有政策进行渐进调适的过程,政策变迁充满了"不断试错"下的渐进式发展的特征。但豪格伍德(Hogwood)和彼德斯(Peters)却认为:渐进式政策变迁不足以描述和解释所有的政策变迁现象,必须有更为细腻的讨论;加之在政策实践领域,日益复杂的社会经济环境使得政策变迁的发生现实增多,增加了政府探索政策变迁规律及经验学习的需求。进而,理论质疑和实践困境共同触发了20世纪70年代末期对政策变迁的重视和集中研究,开始进入以范式为方法论的非渐进性研究时期。一直到20世纪80年代中期,这期间形成了对政策变迁概念及因果过程的早期研究。

学界一致认为,美国学者安德森最早界定了政策变迁的内涵。他认为政策变迁是指以一个或多个政策取代现有的政策,包括新政策的采行和现存政策的修正或废止。而政策变迁可能以以下三种形式出现:(1)现有政策的渐进改变;(2)特定政策领域内新法规的制定;(3)选民重组选举之后的重大政策转变。这一定义呈现出明显的结果导向,对政策变迁本身及过程缺乏应有的关注。豪格伍德和彼德斯在《政策的动

---

[1] 杨代福:《西方政策变迁研究:三十年回顾》,《国家行政学院学报》2007年第4期。

态性》中对政策变迁的研究进一步系统化。二人强调:不论是受到外在条件或内在因素的影响,很少有政策一直维持着当初被采纳时的形式,相反,它们是在持续不断的演化之中。他们还归纳了政策变迁的四种类型,即政策创新、政策接续、政策维持及政策终结。这一时期,也形成了包括制度主义、理性选择等政策迁移发生的多种解释途径,但它们都无法对政策变迁形成全面、系统的解释,因而,20世纪80年代中期以后,政策科学家开始整合和建构更为复杂的理论模型及框架来解释政策变迁。如循环模型、机会模型、共识模型、学习模型等。学者们通常结合研究需要,选择一种或者整合多种关联概念,对不同的公共政策变迁进行验证和解读。其中琼斯和鲍姆加特纳在1993年提出的间断—均衡模型(Punctuated E-quilibrium Theory)、约翰·金登(John W. Kingdon)在1995年提出的多源流框架(Multiple-Streams Frame Work)以及萨巴蒂尔(Sabatier)和詹金斯—史密斯(Jenkins-Smith)在1993年提出的倡导联盟框架(Advocacy Coalition Framework)被认为是当前最具解释力也是占据研究主导地位的模型。

总之,变迁是公共政策存在的常态,政策变迁理论经过数十年的研究,目前已经完成了概念发展和模型建立的研究轮廓,已进入规模化实证中的模型检测、验证环节,而进一步的整合和修正,仍是需要未来结合现时的实证成果去深入拓展和完善的重要课题。

西方的政策变迁理论为本研究的中国生育政策变迁讨论提供了理论上的支撑,尽管生育政策变迁并不是本研究的重点,但政策纵向探讨是本研究主题的一个不可或缺的重要支点。

三、社会性别理论

社会性别理论产生于20世纪六七十年代。随着女权主义进一步发展壮大，"社会性别"（Gender）概念被正式引入社会科学的研究中。这一概念强调社会文化对性别差异形成的影响，大大扩展了 Gender 一词所被赋予的原始意义。英国女学者安·奥克利（Ann Oakley）最早对性别和社会性别做出了明确的区分，认为性别主要是指一个人的先天性的生物、生理特征，而社会性别则是个人身处的社会和文化以及在这些基础上所形成的心理所共同建构的气质。美国学者盖尔·卢宾（Gayle Rubin）第一次正式提出了"性别/社会性别制度"（The Sex-gender System）的理论。她将社会性别定义为"一种由社会强加"的两性区分，是性别的社会关系的产物，也正是基于此，"社会性别"一词因而正式成为一个专业术语，并在此后被发展为女性主义的理论经典。

社会性别理论作为研究和促进性别平等的理论新视角，主张超越"生物决定论"视角下的性别差异，关注男女两性的社会特征和社会差异，并强调社会文化对这种差异的影响。该理论认为，妇女所扮演的性别角色并非都是由女性的生理所决定的，而是由社会文化所规范的；人的性别意识不是与生俱来的，而是在对家庭环境和父母与子女关系的反应中形成的；生理状况不是妇女命运的主宰，男女性别角色是可以在社会文化的变化中改变的。[1] 它冲破生理性别决定论的禁锢，基于一种动态发展的立场看待社会性别观念，站在客观的角度对待两性的社会角色和权利结构，并以试图改变女性的人性地位和边缘分布的方式将女性置于主体地位。以联合国为代表的国际组织对此也进行了很多实质性的探索。在1974 年至 1995 年间联合国先后举办了 4 次世界妇女会议，并颁布了一系列的活动纲领，尤以 1995 年北京第四次世界妇女大会最具有里程碑意义。这次大会正式将社会性别主流化写入《北京行动纲领》，并被联合国确定为促进两性平等的全球性发展策略。

---

① 王毅平：《社会性别理论：男女平等新视角》，《东岳论丛》2001 年第 4 期。

1997 年,联合国经社理事会通过了对社会性别主流化的一致定义:把性别问题纳入主流是一个过程,它对任何领域各个层面上的任何一个计划行动,包括立法、政策或项目计划对妇女和男人产生的影响进行分析。它是一个战略,把妇女和男人的关注、经历作为在政治、经济和社会各领域中设计、执行、跟踪、评估政策和项目计划的不可分割的一部分来考虑,以使妇女和男人能平等受益,不平等不再延续下去。它的最终目的是达到社会性别平等。

社会性别理论为本研究提供了一种新的愿景。将社会性别纳入社会价值的主流已成为时代的必然选择,这意味着社会性别意识将贯穿于包括就业政策在内的所有社会政策的制定、评估及执行全过程,这也为女性平等就业在发展战略上确立了新的目标。

四、就业歧视理论

(一)基于成本考虑的劳动力市场歧视理论

经济学领域对女性就业不平等做出解释的理论,以加里·贝克尔(Gary S.Becker)的偏好歧视理论(Theory of Taste for Discrimination)最早也最为系统,成为研究女性就业歧视的重要理论依据。

根据该理论的阐释,生育成本是雇主拒用女性的主要原因。贝克尔认为,通常扮演测量工具的货币,亦能用以测量歧视。如果某人具有"歧视的品味",那么他宁愿用某一(喜好)群体替代另一(厌恶)群体并为此支付(承担)某种费用,①来满足个人"身心愉悦"的偏好。贝克尔还提出了衡量歧视偏好程度高低的"歧视系数"(Discrimination Coefficient),一

---

① 王慧轩、赵利:《城镇女性就业歧视的经济学思考》,《东岳论丛》2010 年第 5 期。

般用 d 来表示。假定雇主的目标是实现效用最大化,即 $maxU = f(p, m)$, 其中 U 代表效用,p 代表利润,m 代表男性雇员比重,若某位雇主对女性存有偏见,那么,他的目标函数一方面是提高利润额,另一方面是最大限度地提高男性雇员的比重。对于歧视性雇主,为了提高男性雇员的比重 (m) 而不惜承担由此引发的较低的利润 (p)。尽管男性与女性的货币成本都是 w,但因为女性就业使其"身心不悦",则女性雇员的净值成本为 d $(1+w)$,wd 是由雇主雇佣女性成员所引起的货币成本与净值成本的偏差[①],也被称为追加在女性雇员身上的"自然附着成本"。内容包括生育成本、职业培训成本和福利成本等。这是女性相对于男性就业给企业带来的额外支出,是完全可以用货币来衡量的,也是雇主拒用女性的根本原因。"身心不悦"的实质是厌恶成本。在这种情况下,雇主少用女性是规避风险、节约成本、提高利润以实现效用最大化的理性选择。这一理论主要基于企业对成本的考虑对女性遭遇的就业歧视做出说明,从而也为生育政策对女性就业产生的负向影响提供了最具说服力的解释。

(二)基于生产率估计的统计性歧视理论

生产率问题同成本问题一样,也是企业在招录员工时最为重视的因素。统计性歧视理论即是建立在企业对劳动者生产率判断问题上发展起来的歧视解释理论。它最早由美国学者菲尔普斯(Phelps)在 1972 年的《美国经济评论》中提出。

统计性歧视是雇主甄选问题的一个组成部分,而所谓甄选问题,是指与生产率相关的可观察性个人特征并不能对求职者个人的实际生产率做出完全的预测。在劳动力市场上,在利润最大化的导向下,雇主通常通过

---

① 于雁洁:《我国女性就业问题研究:经济学分析视角》,《贵州社会科学》2011 年第 7 期。

搜集劳动力表面的或比较容易获得的其他信息,如教育水平、工作经验等不完全信息作为识别生产率水平的信号或工具,而将劳动力的个体特征置于其所属的一定群体中进行判断,也成了在信息相对不完全情况下雇主高效率的雇佣标准。

统计性歧视对女性是不公平的,在具有与其他群体相同的劳动生产率的情况下,所得到的工资会低于强势群体。[①] 对女性而言,传统的社会角色分工观念普遍认同女性会花大量的时间照顾家庭,职业生涯比较短且必然会因为生育导致工作时间中断,这些都构成了女性群体工作承诺和投入度较低的信号。当这种群体信息被应用到不具有明显群体特征的女性身上时,这部分女性劳动者就会受到不公正的对待。

统计性歧视仍然是信息不对称(Asymmetric Information)情况下雇主高效率和最理性的做法,因而,有些学者认为这种歧视仍将长期存在。

(三)社会因素视角下的双重劳动力市场理论

劳动力市场歧视理论关注成本对歧视现象的形成,统计性歧视理论则从生产率的视角出发,二者都比较侧重人(雇主)的因素。双重劳动力市场理论则拓宽了这一视野,更加注重社会性因素对劳动力市场地位的分配。德瑞格(Peter B.Doringer)和皮埃尔(Michael J.Piore)在1971年提出了以二元劳动力市场理论(Dual Labor Market Theory)为标志的劳动力市场分割理论。与新古典经济学理论相对,劳动力市场分割理论强调制度及社会因素对工资的影响。此理论认为,"好"和"坏"工作区分的原因不是就业者的能力及人力资本差距,而是就业者无法控制的其他因素造成,例如产业结构、劳动力市场制度等造就的。二元劳动力市场理论与Thurow 和 Thurow & Lucas 提出的职位竞争模型及以 Reich & Gordon &

---

① 赵耀:《中国劳动力市场雇佣歧视研究》,首都经济贸易大学博士学位论文,2006 年。

Edwards 为代表提出的分割劳动力市场理论共同构成劳动力市场分割理论。其中尤以二元劳动力市场理论最具代表性。

二元劳动力市场理论,也称双重劳动力市场理论。它的主要观点是劳动力市场并不是统一的,按照报酬和支付特征可以分为主要劳动力市场(Primary Labor Market)和次要劳动力市场(Secondary Labor Market)。主要劳动力市场工资福利好,失业率低,稳定性高,培训机会多,晋升空间大;次要劳动力市场则工资福利差,失业率高,流动性强,培训机会少,难以实现晋升。而且两个市场之间的流动存在障碍,一旦进入次要劳动力市场,则很难移动到主要劳动力市场。相反,在主要劳动力市场的劳动力,宁愿失业也不愿进入次要劳动力市场。由于两种市场之间严格的流动限制,对劳动者而言,首次迈入的是主要劳动力市场还是次要劳动力市场将对其终身职业轨迹产生重要影响。

生理因素和社会因素共同决定男女劳动者在工作时间和劳动生产率的差异,进而导致二者分属不同的劳动力市场。从历史上看,女性大部分在从属部门就业,导致了一种长期延续下来的对她们的歧视。这种歧视的状态会进一步导致这些群体在次要劳动力市场上更加频繁地进出,加大工作经历的不稳定性,陷入就业歧视的长期循环。①

就业歧视理论为本研究讨论女性平等就业提供了又一重要理论依据。它对二孩政策下女性就业歧视,提供了来自劳动力市场的分析,而这正是本研究对女性平等就业的政策分析必须要认真面对的一个重要因素。

---

① 赵利:《劳动力市场性别歧视的经济学分析——基于贝克尔理论的研究视角》,《山东财政学院学报》2006 年第 6 期。

第三节　研究综述

一、公共政策的均衡研究

政策均衡与政策变迁、制度变迁具有很强的关联性。制度变迁的核心概念是"路径依赖""理念""均衡"等,新制度主义视角下"制度变迁"的相关研究为分析政策变迁中的均衡提供了思想借鉴。如谭宁以新制度学说的制度演变理论作为政策变迁与均衡分析框架的研究。她认为新制度主义学说由微观经济的视角,以供求均衡研究制度的演变,为分析政治与行政领域的政策演变提供了许多思想借鉴。并通过制度演变的概念、动力发生机制及新制度学说的路径依靠三个方面给予说明。这种借鉴具有一定的说服力,但也要注意这里她将制度的变迁与制度的演变混为了一谈。

还有类研究观点主要将政策均衡作为政策变迁中的一个环节或阶段。政策均衡表明一项政策处于稳定状态,它指的是所有的政策要素、政策关系维持一定的最好情况的状态,政策供给适应政策需求,人们对既定的政策安排和政策结构处于一种满足或满意状态,因而无意也无力改变现行政策(宁骚,2000)。王骚、靳晓熙系统研究了动态均衡视角下政策变迁的规律。它将政策变迁过程分为政策失衡(政策改变者力量占据上风)、政策创新(旧政策向新政策的转换)、政策均衡(政策维持者力量占据上风)三个阶段。通过这三个环节,拟揭示出政策变迁过程中政策从原有均衡状态演变为失衡状态,再通过创新变革向新的均衡状态转变这一规律。

　　陈潭的观点与之类似,也认为政策均衡是政策变迁过程的一种状态。并明确提出政策均衡的动态均衡特征,认为政策本身是一个动态的、协调的、开放的系统,政策要素的变动性和政策环境的非确定性要求政策必须开展适应性调整,因而政策均衡并非静止的、"安于现状"的均衡,政策稳定也只能是相对的稳定。他还指出政策变迁除了呈现为政策时滞、政策博弈、政策演进三个结构性逻辑外,还表现为政策失效、政策创新、政策均衡三个阶段性逻辑阶段。任何一项公共政策的变迁都可能无法回避均衡—失效—创新—均衡这种方程式循环。从一定程度上来讲,政策变迁的目的就是追求政策均衡。

　　此外,还有少量关注政策动态均衡对公共政策有效性作用的研究。如陆静超提出公共政策过程是一个动态的均衡过程。并认为这种动态均衡提供了一个政策效能优化的解释。她也认为政策制定与实施过程中客观存在非均衡—均衡—非均衡的一般规律,而且这一规律的循环往复也是政策效能实现阶段性优化的根本途径。这其中的政策制定与实施过程,实际蕴含了公共政策的变迁,认为政策动态均衡的过程实现了政策的阶段化优化,体现了动态均衡的政策改良功能。这是对新制度主义理论中将制度变迁视为对原制度更高效率的替代的借鉴和应用。

　　邓华等明确动态均衡在政策变迁中的影响和作用,并将之从一种政策状态与公共政策的价值形态挂钩。他认为动态均衡是动态本质下政策有效性的内核,并整合了公共政策动态均衡的概念。他指出政策的动态均衡是指:在时间维度中因各影响因素的组合和相应的力量变动,从而使得政策的态势不断发生变化(尤其是政策参与者之间的相互利益格局的变动),使得政策结构从稳定到不稳定,然后再到稳定转换,最终实现长期意义的稳定状态。

　　以上研究说明,政策的均衡是公共政策在不断变迁中达到相对稳定时所发生的一种状态;它的发生缘于政策要素随着时间的变化而形成的特定作用态势,这种状态具有瞬时性和循环性特征。新的均衡发生往往都蕴含了对上一次均衡发生时政策状态的改进和优化,且这种改进和优化又反过来推进了政策变迁过程。

二、二孩政策下女性就业研究现状

(一)关于二孩政策下女性就业的研究

首先在中国知网(CNKI)以"全面二孩"与"女性就业"为关键主题词进行检索,发现目前关于"全面二孩"与"女性就业"的文献中,就业歧视(含性别歧视、职业性别歧视)成为全面二孩政策与女性就业之后的第三大关键词(见图1.1)。因而,"就业歧视"成为探究二孩政策下女性就业现状的关键线索。

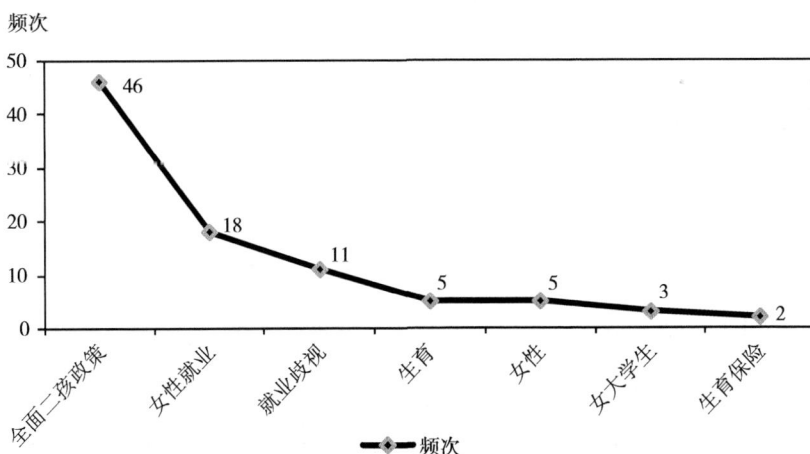

图1.1 以"全面二孩"与"女性就业"为主题的相关文献的关键词分布

接下来,在"中国重要报纸全文数据库"中对这一主题进行可视化分析,以"女性""就业""歧视"作为关键词进行主题检索,结果如图1.2所示。发现2000年到2010年这10年间仅有21篇文稿报道"女性就业歧视",2011年至今却已累积有41篇。对"女性就业歧视"关注在2007年和2013年出现了两次高峰值。2007年8月《中华人民共和国就业促进法》正式通过,使得女性就业问题特别是就业歧视问题引起广泛讨论,于是出现了关于"女性就业歧视"的一个高峰值。第二个峰值的出现恰好契合2013年底"单独二孩"政策的出台时间。但"单独二孩"出炉后,效果并不理想,导致对女性就业的关注出现短暂的下滑,之后,随着全面二孩政策的实施,关于"女性就业歧视"的报道和文稿又达到了一个新的高度,且目前来看依然保持上升的趋势。

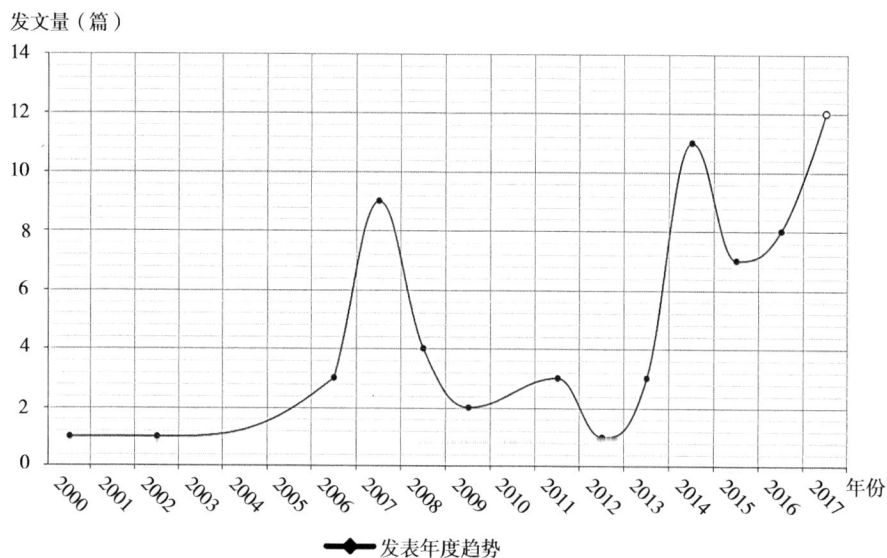

发文量(篇)

图 1.2　中国重要报纸全文数据库对"女性就业歧视"筛选的总体趋势分析

另外,对期刊库的学术文章也进行了同样的统计(见图1.3)。发现20世纪90年代以来,整体而言,关于女性就业歧视的研究一直处于上升趋势。中途经历了2010年的小幅回落后,2013年开始反弹,且伴随着全面二孩政策的出台关注程度又陡然提升。从2013年到2017年CNKI共收录207篇关于"女性就业歧视"的学术文章,可见这一主题在学术界一直保持着较高的研究热度,不仅代表它具有一定的研究价值及学术界发出的学术关切,也反映了它是这个时代一直在延续的社会痛点。

发文量（篇）

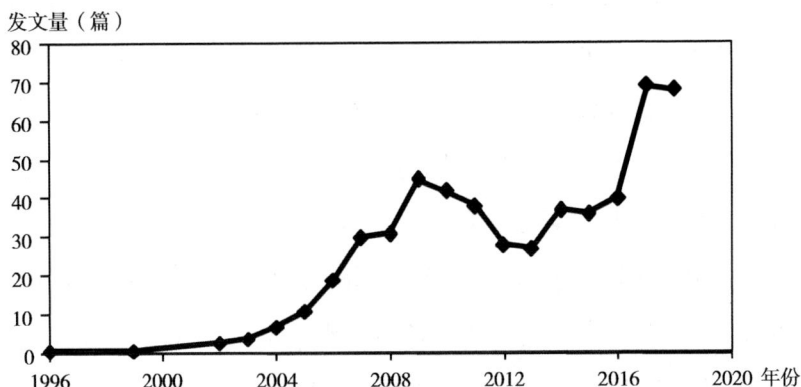

图 1.3　CNKI 期刊数据库对"女性就业歧视"筛选的总体趋势分析

（二）全面二孩政策对女性就业的影响研究

2018 年是全面二孩政策正式实施的第三年,目前关于女性生育倾向或生育行为的研究以及这一政策对女性就业的影响,在管理学、经济学和社会学等领域都积累了较为丰富的成果。具体而言,当前对于全面二孩政策对女性就业的影响,有三种不同的结论:

第一种是基于歧视理论认为全面二孩政策会对女性就业带来负面影响。如 2006 年北京市妇联抽样调查显示,60%左右的在职女性和在校女大学生、70%左右的 45 岁以下女性和 80%左右的民营外资企业女职工都认为二孩政策会对女性就业产生负面影响。2018 年张樨樨和张月君基于第一手调研数据得出:生育状况与雇佣偏好为负相关关系,已育子女数量每增加 1 个,雇佣偏好下降的概率为 6.34%,说明雇主明显倾向于那些精力充沛、家庭负担较轻的未育或只育一孩的女性。2015 年宋健和周宇香通过实证研究发现,生育二孩会显著降低城镇妇女就业的可能性,且生育后再就业的可能性远远低于无生育经历的女性。

康蕊和吕学静认为生育二孩不仅将造成女性职工的职业中断,还将迫使女性面临择业过程中被歧视的风险,而后者对女性就业的影响往往高于前者。中国就业促进会在调研过程中发现,全面二孩政策实施后女性就业歧视现象有加剧趋势,主要体现在三个方面:一是招收女性的岗位数量减少;二是合同期缩短;三是进入关键重要岗位更难。企业以女性生育后影响工作状态、没有工作热情为由,拒绝进行提拔。

张霞和茹雪系统论述了全面二孩政策背景下生育对女性职业生涯的影响。叶文振、黄桂霞、肖琴、汤林涛、张扬、范梦雪、陈健、薛西丽、孟宪红等人也都认为,生育二孩会让女性职业生涯发展过程中的性别歧视现象加剧、角色冲突问题突出、职业中断期加长、二次就业和再就业困难等。

杨菊华从不同的职业阶段出发,认为生育二孩对女性就业的影响主要表现在入职、升迁和终身发展三个方面。李龙万认为全面二孩政策对女性就业的影响体现在求职、工作和再就业三个阶段。张韵、邓莉莉分别分析了全面二孩政策对不同年龄段女性的职业发展的影响。

二孩政策不仅加深了女性遭受歧视的程度,同时使遭受就业歧视的女性范围进一步扩大。本来已婚已育又有工作经验的职场女性是企业招聘中的"强势群体",而今因为存在再生育的可能性,她们却陷入劣势,生育后重返劳动力市场同样遭遇"性别歧视"。[1] 王毅平指出已婚已育职业女性在生育二孩后会面临三种情形:一是由于已婚已育职业女性花费大量时间哺育和照料二孩造成职业根基松动,甚至可能失去工作或引发职业生涯的中断;二是职业女性重返劳动力市场遭遇多重性别歧视和就业障碍;三是用人单位以怀孕、生产等理由调换职业女性工作岗位、减少其薪酬甚至辞退职业女性。这种影响同样波及了女大学毕业生。[2] 据调

---

① 叶文振:《"单独二胎"生育政策的女性学思考》,《中共福建省委党校学报》2014年第12期。

② 石彩霞、宋效峰:《全面二孩政策背景下女大学生就业问题探索》,《山东农业工程学院学报》2017年第1期。

查,有 58.48% 的女大学生找工作时"被问及是否独生子女或生育二孩事宜",被问及次数平均达到 2.88 次。[①]

施阳、陈春梅分析了全面二孩政策对高校女教师职业生涯发展的影响,包括晋升空间被压缩、自我提升机会被减少、研究项目申请资格被限制等。陆灵娇等提出全面二孩政策的实施,必将使育龄期的女性领导干部在竞争激烈的劳动力市场上出现职业发展的困境。

第二种观点认为生育二孩不会对女性就业造成影响。Benjamin S. Cheng 基于对我国台湾地区的实证研究表明,生育和女性的劳动参与之间毫无因果关系,职业女性不一定有更少的孩子,家里有小孩也并不总会阻碍母亲的就业。Michelle J. Budig 肯定了生育和就业具有一定依存关系,但也认为生育对职业女性的就业并不会产生影响。还有一种解释基于"低生育陷阱"的预期,认为全面二孩政策放开后并不会对女性就业带来影响。持这种观点的学者认为从全面二孩政策对单独二孩政策的快速替代来看,国际上存在的低生育率现象在中国已实实在在发生。[②] 由此也可以看出生育行为并未过多受生育政策的影响,生育政策对生育意愿的推动作用微乎其微,也就无从谈起对就业的影响。[③] 还有一种说法是,公共劳动的社会性和家务劳动的私人性,决定了二者之间的矛盾不可调和。受传统观念的影响,女性往往容易对家庭产生依赖,而这一依赖性并不受生育政策的影响。[④] 陈友华和祝西冰认为女性就业中的性别歧视是早已存在的事实。全面二孩政策加重女性就业中的性别歧视,本身缺乏可靠的数据支撑,但仍要辩证地看待全面二孩政策与女性的工作,积极营

---

① 杨慧:《大学生招聘性别歧视及其社会影响研究》,《妇女研究论丛》2015 年第 4 期。

② 马小红、顾宝昌:《单独二孩申请遇冷分析》,《华中师范大学学报(人文社会科学版)》2015 年第 2 期。

③ 康蕊、吕学静:《"全面二孩"政策、生育意愿与女性就业的关系论争综述》,《理论月刊》2016 年第 12 期。

④ 蓝劲松、吴丽丽、刘蓓:《知识女性社会角色定位的调查——以部分重点大学女生为例》,《青年研究》2001 年第 12 期。

造平衡女性工作与生活的家庭发展政策。

第三种观点则认为二孩政策会对女性就业带来积极影响。这种积极影响主要体现在女性劳动参与率的提高上。这种观点的依据是:在宽松的生育政策下,女性若增加生育水平,将导致家庭经济压力提升,女性为了分担家庭经济压力将会重返劳动力市场,由此全面二孩政策出台会带来"性别红利"。[①] 如陈静通过回归得出,女性劳动参与率与宽松的生育政策呈现正相关关系。并将女性劳动参与率提高的主要原因一方面归结于宽松的生育政策鼓励女性生育——为了提高抚养小孩的能力和收入水平,促使女性在劳动力市场积极参与;另一方面归结于政策的相机抉择,认为宽松的生育政策往往对应较低的生育水平。较低生育水平下,女性在家庭经济中投入的时间较少,因此在劳动力市场参与度较高。但作者同时也指出,劳动参与率的提高并不能反映女性就业状况的水平和层次,反而可能加剧了竞争和拥挤。林丛从生育对女性角色改变所伴随的个性特质转变的角度,认为生育对企业和女性员工具有积极意义,他认为"为人母"的转变会为女性带来爱心、耐心、细心、责任心、成熟度、稳定性、处理复杂关系的能力、更理性的职业规划能力等优势,这些有利因素都将对工作起到很好的促进作用。间接说明了全面二孩政策可能会对女性就业带来正向作用。

(三)二孩政策下女性平等就业的政策支持研究

目前对二孩政策下促进女性平等就业的政策支持形成了较为可观的研究成果。这些建议中既包括直接消除劳动力市场存在的直接歧视和间接歧视的政策,也包括通过增加生育支持,减轻女性家庭劳务和育儿负担等措施以实现就业歧视弱化的间接性政策。

---

① 性别红利是指通过倡导性别平等,促进女性就业,提高女性劳动参与率和女性在工作中的技能,释放女性工作潜能,从而推动经济增长。

在不同的理论视角上,赵梦晗提出在全面二孩政策背景下要将性别平等理念纳入各类可以促进女性就业平等的公共政策中。朱莹莹提出要在全社会大力推动社会性别意识主流化。孟宪红尝试从社会工作的角度分析二孩政策下女性就业面临的问题。蒋莱、刘伯红认为应在公共政策中引入性别评估机制,完善生育政策的评估标准。

当下大部分研究普遍认为,要消除生育二孩可能对女性就业带来的不利影响,需要个体、家庭、社区、政府多个层面、多个主体协同应对,配套解决。第一,政府要加强对用人单位的监管。[1] 监管的前提是需要进一步完善保障妇女劳动权益的法律措施。沙玉霞、金仙玉、薛西丽、王念哲、宋芳都提出希望制定《反就业歧视法》,以明确性别歧视的概念、范围,就业性别歧视监督机构职能、法律责任及救济途径等。同时,修改完善现有的法律、法规。薛西丽甚至提出应将性别歧视问题上升到宪法的高度,将"禁止性别歧视"明确列入宪法条款。针对隐性歧视问题,刘明辉提出采取"立案举证责任倒置原则",以此迫使企业在实施歧视行为后承担更多的责任。另外,曾恂、张莹、曹懿和穆云红建议成立"性别平等委员会"这一专门监察机构,执行《反就业歧视法》和相关法律,以加强政府对性别歧视的监管。

第二,政府要进一步完善生育保险制度改革。潘锦棠、彭希哲提出扩大生育保险覆盖范围和延长产假享受时间,增加用人单位对女员工的需求;黄桂霞、江苏芬建议将所有在职女性、非正规就业女性、失业女性、城镇未就业女性以及广大农村妇女纳入生育保险范围。金仙玉认为要让生育保险从企业走向社会,进而减少用人单位因雇佣女员工而产生的经济损失。具体可以通过社会统筹的形式将女性生育成本进行社会化分摊,

---

[1] 杨菊华:《"单独两孩"政策对女性就业的潜在影响及应对思考》,《妇女研究论丛》2014年第4期。

或对企业因为员工生育导致的损失以补贴或减税的形式给予补偿;①同时,建议政府对未参加生育保险的用人单位,加大惩治力度,尽快督促其依法、按时、足额缴纳生育保险费,解决城镇女性因分娩而减少个人收入与职业中断问题。吴洁提出探索鼓励生育二孩的多层次生育保险制度。张韵、郭未基于性别平等的立场,提出要改革以企业负担为主的生育保险制度,改为由国家、企业、个人三方共担的模式。并改变生育保障金的发放模式,以家庭为单位发放生育保障金。

第三,政府要通过生育津贴或假期等措施缓解女性的家庭压力和责任,以对女性的工作提供支持。庄丽认为,现行的生育政策体系并不完善,应尽快建立相关对生育二孩女性保护的制度,提高生育津贴。与此类似的措施还有减免家庭所得税、发放儿童津贴以及建立家庭津贴制度。金仙玉提出应该保证女员工生育二孩的产假时间不少于生育一孩时的产假时间。吴洁认为应该适当延长女性再生育的产假,探索适合不同行业的职业女性生育二孩的孕期假、产假和哺乳假。此外,还应探索男女共享的带薪育儿假,鼓励男女共同分担育儿责任。近年来,男性育儿假在国内被提及的次数日益增多。国内学者王缤若、李宝芳也都呼吁在国内设立"父产假"或者"父育假";林建军、张韵、郭未等基于社会性别的视角对设立"父育假"的必要性做出了解释。黄桂霞实证研究也发现,父亲育儿假时间越长,女性返回劳动力市场越快。金仙玉明确建议,政府部门要在《社会保险法》中统一规定"父育假"及"父育"津贴,并明确"父育假"的时间和"父育"津贴的金额。陈静提出男女共享生育津贴和假期,在生育期间,可适当降低工资替代率以降低企业成本。同时还提出发展"二孩"商业险。配合渐进式的男性和女性享受相同退休标准等措施,减轻女性

---

① 邓莉莉:《实现全面二孩政策预期效果研究——基于女性生育和就业关系的视角》,《经济与社会发展》2017 年第 3 期。

在劳动力市场面临的就业歧视。

第四，政府对企业要采取一定的激励或约束措施。杨菊华、金仙玉建议由政府牵头，对用人单位进行宣传评选，对积极录用女性的用人单位，给予实实在在的利益，如税收减免或其他优惠政策。杨慧提出了具体的优惠标准，即建议政府给予雇佣女性超过 40% 的企业一定比例的社会保险费补贴或税收减免，给予雇佣女性超过 40% 的机关事业单位增加 5% 的岗位编制。彭希哲还提出通过对企业自办的托儿所和幼儿园给予适当补贴的方式，将女性生育成本社会化。

第五，政府应大力推进多元化的托幼机构建设。解决女性和家庭面临的育儿困境，潘锦棠、陈淑君和李欣提出建立充足的公立幼儿抚育机构。张樨樨和生光旭也提出通过逐步实现政府主导的"婴儿所、托儿所、幼儿园"一体化学龄前儿童社区看护，逐步实现幼儿看护社会化，降低家庭育儿成本。此外，政府还应强化为婴幼儿提供公共照料服务的社会责任。国际经验表明，政府主导和支持的托幼服务在城镇化和工业化水平较高的地区，能够有效缓解育儿与就业之间的矛盾。当前普遍认为 0—3 岁的托幼服务不足。因而，建议政府尽快明确 3 岁以下公共托幼事业监管部门，加大对托儿所服务质量的监管力度；相关部门尽快制定 3 岁以下公共托幼事业发展规划，财政部门加大公共托幼服务的财政支持，教育部门加大培养公共托幼服务的师资力量；加强对托儿所的顶层设计，制定托儿所办所条件与收费标准；引导社会资本提供公共托儿服务，鼓励民办幼儿园提供托儿服务，在社区或大型企事业单位及其周边试点推动托儿所发展。[①] 梁亚丹提出将家庭服务纳入公共服务范畴，减轻职业女性家务劳动。此外，还有学者提出把义务教育下移一个阶段，将学前教育纳入义

---

① 杨慧：《全面二孩政策下生育对城镇女性就业的影响机理研究》，《人口与经济》2017 年第 4 期。

务教育。①

第六，政府还应大力支持家政服务产业的发展。邓莉莉提出加强对托幼、家政等服务的支持和管理，帮助职业女性更好地平衡工作和家庭。此外，政府还应为二孩政策背景下的女性平等就业做好舆论宣传和引导。

第七，发挥社会团体和组织对保护女性平等就业的作用。党的十八大提出"支持工会、共青团、妇联等人民团体充分发挥桥梁纽带作用，更好反映群众呼声，维护群众合法权益"。因而，要大力发掘工会、共青团等社会团体和组织对保护女性平等就业的力量。

第八，用人单位要为促进女性平等就业承担一定责任。覃愿愿和江祖松提出用人单位应增强社会责任感，积极承担社会公共责任。杨沛然提出用人单位要转变用工观念，保护女职工合法权益。杨菊华认为用人单位必须严格执行国家政策，公平对待有生育二孩意愿且已经生育二孩的女性，营造家庭友好的单位氛围。吴帆、张樨樨和生光旭鼓励企业提供弹性工作安排，提供人性化服务，健全员工福利制度。用工单位在劳动时间上的灵活安排，将有助于缓解年轻父母的时间压力，还有可能提高工作效率。②

第九，家庭支持是生育支持的重要内容。③ 家庭要尊重女性选择"生"与"不生"的决定，帮助女性更好地平衡工作和家庭的责任。尤其是丈夫应更多地分担传统家务，尽可能减轻妻子的家庭负担，从而消解子女养育对其职场发展的消极影响。夏国强认为社会舆论和国家政策应倡导让男人介入妻子分娩过程的照顾和喂养孩子、照管孩子的工作，改变把生育和照管孩子仅仅看作是女性责任的观念，从而降低女性的母亲身份对

---

① 杨菊华：《"单独两孩"政策对女性就业的潜在影响及应对思考》，《妇女研究论丛》2014年第4期。

② 郑真真：《实现就业与育儿兼顾需多方援手》，《妇女研究论丛》2016年第2期。

③ 黄桂霞：《生育支持对女性职业中断的缓冲作用——以第三期中国妇女社会地位调查为基础》，《妇女研究论丛》2014年第4期。

职业发展不利的相关程度。

三、相关研究述评

以上梳理了公共政策中的均衡、二孩政策下的女性就业研究现状、全面二孩政策对女性就业的影响，以及全面二孩政策下女性平等就业的支持四个方面的相关研究成果。

首先，公共政策中的均衡研究还存在数量少、范围窄的问题。此类研究在数量上还不多，尚未形成较为系统的研究体系，在内容上也仅关注了动态均衡在政策变迁过程中的阶段性存在及其对政策本身优化升级的初步探讨。应该看到，公共政策中的均衡，除了动态的均衡、结构的均衡外，更应该关注原政策和配套政策的均衡，以及政策均衡下国家和个人利益的均衡等。因而，这方面的研究还应有更广阔的视野，以此深化政策系统及与政策对象的均衡研究。

其次，二孩政策下的女性就业研究成果较丰富，但观点较分散。总体而言，现有研究成果大致形成了二孩政策会对女性就业产生"负面影响"、"正面影响"以及"无影响"三种截然不同的观点，但认为二孩政策放开后将会对女性就业带来负面影响的声音占据主流。而基于低生育预期认为生育不会对女性就业产生影响的观点不应被忽视。全面二孩政策有其既定的政策使命，不能安于这一较低的政策预期并将其视为二孩政策不会对女性就业产生影响的依据，应创造一切条件尽可能去改变这一既定政策预期，以实现积极的政策效应。此外，少数认为生育对女性就业会产生积极影响的看法也应辩证对待。这种看法主要基于女性生育后的状况，认为女性出于分担家庭压力的目的重新投入劳动力市场，从促进经济增长以及发挥女性自身的潜力来说是有利的，但如果基于女性生育前和生育中来看，则会得出不同的结论。而且，女性在经济压力的推动下重回劳动力市场,不仅不利于女性的身心发展,而且也难以回避就业歧视问题。

最后,二孩政策下促进女性平等就业的政策支持研究较为系统,但还可细化。这方面研究的总体思路是,在二孩政策背景下,要以制度落实为基本保障,以降低角色冲突为突破点。以易影响人群为重点对象,以多中心治理为基本模式,重视和理顺政府的职责,发挥市场举足轻重的地位,以社会化托幼服务为重要补充,配合家庭支持和女职工的个体素质。[①]避免让职业女性独自承担生育成本。[②] 在具体的实践中,还需要根据各地的实际,在把握好共性和个性的基础上,有的放矢地利用和执行。另外,当前的政策支持多是针对在职女性设计的,对女大学生以及失业女性或者待业女性还关注不多。对在职女性也没有进一步分类分析,如对普通员工和管理者的研究不多,因而,后续的研究还可以进一步精细化、扩展化。

---

① 刘金华、彭敬、刘渝阳:《城镇女职工再生育后的职业发展支持及其效用》,《经济体制改革》2017 年第 3 期。

② 张霞、茹雪:《中国职业女性生育困境原因探究——以"全面二孩"政策为背景》,《贵州社会科学》2016 年第 9 期。

第二章　政策变迁均衡:我国生育政策与女性平等就业的发展研究

　　关于生育政策和女性平等就业可以从纵向与横向两个层面进行讨论。本章主要从纵向的历史发展来看我国生育政策的变迁以及女性就业的发展。在历史发展中不仅可以看到我国生育政策与女性就业实际状况的各自演变,还可以从演变过程中所聚合的女性平等就业状况看到两者的相互关联。

　　本章的一个特定研究视角是生育政策的变迁均衡。新中国成立以来,我国生育政策先后经历了由宽松到收紧再到放开三个阶段的重大调整。每一次调整,都经历了一次新的政策均衡形成。与生育政策的陡转不同,我国的女性就业发展相对平稳,其间经历了政府主导的鼓励女性就业期、政府、市场结合的女性就业调整期和市场主导的女性就业竞争期三个阶段,但在平稳的发展表象下,我国女性就业却在发生重要的内在变化,这些变化是值得当前女性就业研究高度重视的。生育政策和女性就业,这两条看似不同的发展轨迹在历史过程中却不可避免地交织在一起,共同演绎了中国女性生育与就业、生育政策与就业发展的历史。

　　结合政策变迁理论,本章意在讨论,随着经济社会环境的变化,生育政策与我国人口发展需要的供求均衡演化状态,并解决伴随我国生育政策的纵向发展,我国女性经历了怎样的就业历程,各阶段呈现出什么样的变化特点以及不同生育政策对女性平等就业的具体影响,这有助于吸取女性就业的历史经验教训,总结各个阶段和规律性的启示,进而为全面二孩政策下的女性平等就业研究提供参考依据与现实背景。

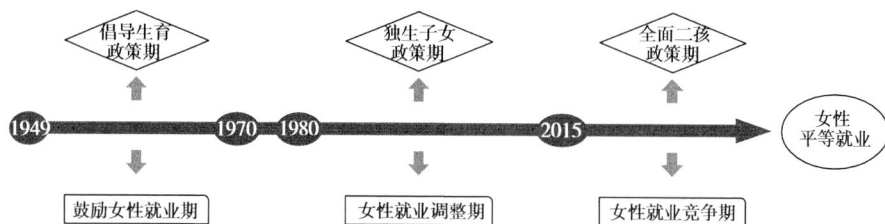

图 2.1 本章研究框架

第一节 倡导生育政策期与鼓励女性
就业期(1949—1970)

一、新中国成立后的倡导生育政策时期

新中国成立后,百废待兴,人口问题并未得到特别的关注。为快速建设社会主义,恢复国民经济,在"人多是好事,而不是坏事"的观念指导下,加之缺少处理人口问题的经验和政策基础,我国参照苏联的人口政策模式实施了鼓励生育政策。具体表现在这一时期政府制定了一些限制节育、鼓励人口增长的社会经济政策。例如在医疗卫生领域,1950 年 4 月 20 日国家卫生部和军委卫生部联合发布《机关部队妇女干部打胎限制的办法》。该办法严格限定了打胎的条件。1952 年国家卫生部又出台了《限制节育及人工流产暂行办法》,规定"私自实施节育手术和人工流产是犯罪行为",手术的执行者及被执行者将以非法堕胎罪由人民法院施

以严惩。社会政策方面,对城市和农村多子女家庭实施物质奖励及经济救济措施。劳动人事部还专门规定对多子女困难职工在住房分配、津贴和生活资料方面给予照顾和奖励。1958 年至 1960 年在"人多力量大"的口号下进一步强化了这一政策。

鼓励生育政策在我国持续了整整 20 年。虽然其间中央提出过"人口控制",如支持节育、提倡晚婚等,但因为缺少对人口问题严重性的正确判断,加上政治运动、战争和自然灾害等影响,这些政策并没有对当时的鼓励生育政策形成冲击。鼓励生育政策和措施持续推动并始终占据了这一时期生育政策的主流。

新中国成立初期采取的鼓励生育政策,在一定程度上促进了工农业和整个国民经济的重建与发展,对推进社会主义各项事业的建设,安定国家和人民生活发挥了积极效应,因而,这一政策保持了较长的均衡维持期。然而,巨大的人口基数也使我国在短时间内人口大幅度增长。1953 年 6 月,我国在全国范围内进行了第一次人口普查。结果显示,新中国成立后短短 4 年时间,我国人口总量已达 6.02 亿,自然增长率高达 23‰。即使后来采取了部分提倡节育、晚婚的政策,1955 年至 1960 年年均增长率仍在 2.2% 以上,每年净增人口也都超过 1300 万。

从育龄妇女总和生育率来看,1950 年至 1957 年间,育龄妇女总和生育率从 5.3 上升到 6.2,超过了解放前的水平。在 1958 年开始的 3 年困难时期里,总和生育率有明显下降,到 1961 年达到最低点 3.28。1963 年随着经济回升,育龄妇女总和生育率又恢复到 7.4。从 1966 年开始,社会出现不稳定,随之妇女总和生育率又从 1966 年的 6.2 降到 1967 年的 5.3。[1] 此后,1966 年至 1970 年,5 年间净增人口超过 1 亿,每年出生人口

---

[1]　戴可景:《传统文化与社会政策对妇女初婚年龄及生育率的影响》,《社会学研究》1990 年第 4 期。

在 2500 万到 2700 余万之间徘徊,出生率均在 33‰以上。①

鼓励和倡导生育是这一时期人口政策的主流,但由于天灾人祸等因素的共同影响,中国的粮食生产和公共服务系统并没有与人口等比例增长,人口大幅增加带来了资源与环境负担,人民在吃、穿、住、交通、教育、卫生等方面都面临一定困难,最终产生了"人民日益增长的物质文化需要同落后的社会生产力"这一社会主义初级阶段主要矛盾。自 1954 年以后,人口控制理论虽出现反复,但节制生育的人口政策在社会上仍形成了一定的反响。计划生育组织机构也在地方纷纷建立,无形中为 20 世纪 60 年代全面开展"计划生育"政策奠定了理论和舆论基础。此后,我国的生育政策开始进入到了计划生育时期。

二、政府主导下的鼓励女性就业期

这一时期,政府鼓励女性积极就业,使得这一时期的中国女性就业从总体上看处于一个快速发展期。以 1949 年至 1965 年全民所有制单位女职工就业情况为例,1949 年我国全民所有制单位女职工为 60 万人,女职工所占比例仅 7.5%,1965 年女职工就业猛增到 786.1 万人,女职工所占比例上升为 21%。女性就业的高峰是 1960 年,首次突破千万,达到 1008.7 万人,此后因三年困难时期的经济紧缩,女职工人数开始回落,但女职工所占比例却没有下降,始终保持在 20% 左右。1966 年至 1970 年缺乏相应的统计数据(见表 2.1)。

① 冯立天、马瀛通、冷眸:《50 年来中国计划生育政策演变之历史轨迹》,《人口与经济》1999 年第 2 期。

表 2.1　1949—1965 年全民所有制单位女职工就业情况统计

年份	女职工人数 （万人）	女职工占比 （％）	年份	女职工人数 （万人）	女职工占比 （％）
1949	60.0	7.5	1959	848.8	18.6
1953	213.2	11.7	1960	1008.7	20.0
1954	243.5	12.9	1961	886.8	21.3
1955	247.3	13.0	1962	873.8	20.4
1956	326.6	13.5	1963	656.6	19.9
1957	328.6	13.4	1964	703.5	20.3
1958	810.8	17.9	1965	786.1	21.0

资料来源:国家统计局社会统计司编:《中国劳动工资统计资料(1949—1985)》,中国统计出版社 1987 年版。

这一时期女性就业数量在鼓励生育政策下快速增长,有新中国成立初期特定的政治、经济和社会推动因素。

首先是政治推动因素。女性就业的增长在很大程度上是党和政府动员和保护女性参加社会生产劳动政策的必然结果。新中国成立初期国家积极维护女性平等就业的权利。在法律上,1954 年新中国第一部宪法就明确规定"中华人民共和国妇女在政治的、经济的、文化的、社会的和家庭的生活各方面享有同男子同等的权利"。在政治动员上,1956 年毛泽东在《中国农村的社会主义高潮》一书按语中指出:"中国妇女是一种伟大的人力资源。必须发掘这种资源,为了建设一个伟大的社会主义国家而奋斗。"1968 年,毛泽东提出了"妇女能顶半边天"的著名论断,激励妇女积极参与国家及社会各方面的建设。

其次是经济推动因素。这一时期正是新中国国民经济恢复和建设时期,国家参照苏联模式发展以重工业为基础的社会主义初级经济,但在资金奇缺的条件下需要得到廉价的物资和充分的劳动力,因而,女性便与男性一起,成为政府广泛动员、参加社会主义建设的劳动力。如 1953 年举行的全国妇女代表大会通过了《关于今后全国妇女运动任务的决议》,提出"我们伟大的祖国已进入一个新的历史时期,有计划的国家建设已经开始",妇女作为全社会的重要力量应当同全国人民一起,发挥应有的作用;同时,在农村生产和生活的妇女也应该积极地参加农业生产为我国经济发展贡献力量。家庭妇女也要"搞好家务,带好孩子,加强学习,提高政治文化水平,准备条件,以便祖国需要时,随时参加祖国的建设事业"。这些政策措施使大批妇女走出家庭,进入社会及迈向不同的工作岗位。

最后是社会推动因素。这一时期也是我国典型的计划经济时期。无论城乡,国家对男女劳动都进行统包统配和终身雇用,这种无需竞争就可上岗的模式,极大地减轻了女性因生育带来的就业压力。同时,国家对女职工在托幼、家庭劳动社会化、社会保障、医疗等方面有全方位保障,女性在平衡就业和家庭方面面临的压力也相对较小。这些措施有利于增进女性就业。

总之,新中国成立以来,广大女性的就业与劳动保护工作受到党和政府的高度重视。正如有学者指出的那样,运用国家力量,制定政治法律制度,推动女职工的劳动保护工作,是社会主义条件下妇女就业与发展的一个特点。[①] 但同时也应看到,女性就业数量的快速增长是在新中国成立初期的低起点的基础上产生的,从 1949 年女职工比例 7.5%的低起点,到 1965 年女职工比例的 21%,虽然进步很大,但由于起点很低进步就特别明显,因此,这一时期女性就业状况总体上说是在一个低水准上的不断成长。

三、倡导生育政策对女性平等就业的影响

一般来说,多子女的女性常常困扰于家庭与事业之间而难以兼顾,对

---

① 刘伯红:《中国女性就业状况》,《社会学研究》1995 年第 2 期。

女性就业的影响也在所难免。但是这一时期的鼓励生育政策对女性就业总体上并没有产生明显的负面影响。

首先,根据新中国成立初期的国情,中国当时是典型的农业国家,农业就业人员占全国劳动力的 90% 左右(1949 年为 91.5%,1952 年降至 88%),1949 年仅有职工 809 万人,占全部就业人口的 4.47%,1952 年职工人数达到 1603 万人,占全部就业人数的 5.73%。[1] 因此,鼓励生育政策对于全国绝大多数处于自由职业的女性来说影响微乎其微。

其次,国家在鼓励女职工生育的同时,建立了女职工生育的保障体系。在当时国家财力十分有限的情况下,使用国家财政对女职工生育进行补贴。生育行为由国家统一补偿,使得妇女在生育期间经济收入不受影响,减少用人单位因妇女生育带来的性别亏损,排除用人单位的性别偏好。[2] 1952 年政务院通过的《中华人民共和国劳动保险条例》,对女职工生育待遇作了如下规定:"甲、女职工与女职员生育,产前产后共给假五十六日,产假期间,工资照发。乙、女工人与女职员小产,怀孕在三个月以内者,给假十五日;在三个月以上不满七个月者,给假三十日,产假期间,工资照发。"[3]另外还规定,女职工怀孕 7 个月以上的可以调换轻微工作,不上夜班,孕期检查和分娩时,检查费和接生费由企业行政负担。这些规定体现了国家对女职工生育的关怀,女职工在就业、待遇不受影响的情况下也愿意生育,敢于生育。

---

① 武力、李光田:《论建国初期的劳动力市场及国家的调控措施》,《中国经济史研究》1994 年第 4 期。

② 袁秀贞:《1949—1978 年中国共产党鼓励妇女全面就业的政策研究》,湖南师范大学硕士学位论文,2008 年。

③ 中共中央文献研究室编:《建国以来重要文献选编》第 2 册,中央文献出版社 1992 年版,第 61 页。

第二节　独生子女政策期与女性
就业调整期(1980—2015)

　　我国人口的过快增长给国民经济和社会发展也带来了负担,鼓励生育已无法适应时代需要,亟须重新调整。经过 20 世纪 70 年代初的酝酿,我国的生育政策进入到计划生育政策时期。

　　1971 年 7 月,国务院批转《关于做好计划生育工作的报告》,"控制人口增长"被首次纳入国民经济发展计划。国务院成立了计划生育领导小组,并提出"一个不少,两个正好,三个多了"的概念,这也是政府首次完整、明确地提出"计划生育"的概念和思想,具有划时代的里程碑意义。1973 年 12 月在北京召开的全国计划生育工作汇报会确定了"晚、稀、少"的计划生育指导方针。至此,我国形成了明确而全面的计划生育的人口政策。之后,计划生育工作会议形成惯例,每年召开。各地计划生育机构也陆续恢复和建立,为计划生育工作开展打下了一定的组织基础。随着人口形势的日益严峻,计划生育工作的政策指向越发明确。1978 年《宪法》明确规定"国家提倡和推行计划生育"。1980 年提倡一对夫妇"只生一个孩子"的独生子女政策是这一时期计划生育政策的进一步收紧,并整整持续了三十多年。

一、独生子女政策时期

　　以 1980 年 9 月党中央发表的《中共中央关于控制我国人口增长问题致全体共产党员共青团员的公开信》为标志,我国的人口政策正式进入提倡一对夫妇只生一个孩子的"独生子女"计划生育政策阶段。紧接着,

1982年9月,党的第十二次全国代表大会上把计划生育确定为基本国策。20世纪90年代以后,我国执行了更加严格的计划生育政策,并于2001年通过了《人口与计划生育法》。

考虑到一孩政策在农村家庭推行的切实困难,国家早在1984年就对计划生育政策灵活地做出了部分调整,在农村地区推行"一孩半"政策,即生育的第一个孩子是女孩的农村家庭,可以生第二个孩子。同时规定各级地方政府可以依据实际情况制定适合本地区的计生政策,如"双独二孩"政策。这些举措保证了我国计划生育工作推进的稳定性与连续性。

2013年11月15日,党的十八届三中全会通过了《中共中央关于全面深化改革开放若干重大问题的决定》,正式提出"启动实施一方是独生子女的夫妇可以生育两个孩子的政策"。"单独二孩"政策的正式提出和实施,是三十多年来我国计划生育政策的首次重大调整。但这一政策加上前期的"双独二孩"政策,由于都只是覆盖了一少部分人群,且持续周期较短,并没有动摇或影响独生子女政策的主体地位。

这一时期以独生子女政策为主体的计划生育政策实施后,在人口数量控制方面取得显著成效。1970年我国出生人口2739万人,净增2321万人,2001年出生人口仅为1702万人,净增人数降为884万人,人口自然增长率也由1970年的25.8‰下降到2001年的6.95‰,2012年降为4.95‰。三十多年来我国人口的总和生育率从2.75进一步降低到1.5至1.8的范围中。有研究指出,政策的影响对发达国家和发展中国家育龄人口的生育意愿都存在显著性。[1] 尽管造成上述生育率下降结果的因素还包括各种社会经济条件,比如社会结构状况、经济发展水平、社会文化背景甚至自然环境条件等,但国家计划生育政策的作用往往是更加直

---

[1] L. W. Aarssen, "Why is Fertility Lower in Wealthier Countries? The Role of Relax Fertility-Election", *Population and Development Review*, Vol. 31, No. 1(March 2005), p. 113.

接的和明显的。①

对国家而言,生育率下降后期会带来劳动力短缺,老龄化加剧以及男女性别比例失调等问题,对人口和经济的长期均衡持续发展构成负效应;对一些家庭而言,"四二一"式的家庭结构可能使家庭面临较大的风险,同时也背负沉重的养老负担,不利于家庭的幸福和谐。因此,在"单独二孩"政策遇冷,我国老龄化和少子化等人口危机不断加剧的趋势下,社会各界对"全面放开二孩政策"的呼声也逐渐高涨。在人口生育政策上一直趋于保守的学者也发出声音,认为"单独二孩"政策对于人口的调整幅度还不够,政策必须在合适的时候向"全面两孩"政策转变。② 因此,"一孩"政策,包括局部性的"二孩"政策已无法适应新时代的国情及社会发展需要,国家开始进一步调整生育政策。

二、独生子女政策下的女性就业调整期

这一时期我国的女性就业经历了较长一段时间的调整期。1981 年至 1996 年的 15 年间城镇单位女职工人数从 3935 万增加到 5883 万,涨幅为 49.5%。但从 1997 年起,受国企改革及亚洲金融危机的影响,城镇单位女职工数量呈逐年下降趋势,到 2003 年底女职工绝对数量减少了 1732 万人,但女职工所占比例仍然保持在 38% 左右的高位上。2004 年至 2015 年间是女性就业的第二个增长期,城镇单位女职工人数从 4227 万增加到 6527 万,涨幅达 54.4%(见表 2.2)。

---

① 风笑天:《"单独二孩":生育政策调整的社会影响前瞻》,《国家行政学院学报》2014 年第 5 期。

② 翟振武、张现苓、靳永爱:《立即全面放开二胎政策的人口学后果分析》,《人口研究》2014 年第 2 期。

表 2.2　1981—2015 年我国女职工(城镇单位从业人员)人数及其占比情况

年份	女职工人数 (万人)	女职工占比 (%)	年份	女职工人数 (万人)	女职工占比 (%)
1981	3935	36.0	1999	4613	38.0
1982	4093	36.4	2000	4411	38.0
1983	4199	36.5	2001	4226	37.8
1984	4325	36.4	2002	4156	37.8
1985	4500	36.4	2003	4156	37.9
1986	4688	36.6	2004	4227	38.1
1987	4869	36.8	2005	4324	37.9
1988	5036	37.0	2006	4445	38.0
1989	5137	37.4	2007	4540	37.8
1990	5294	37.7	2008	4579	37.6
1991	5483	37.8	2009	4678	37.2
1992	5586	37.8	2010	4861	37.2
1993	5542	37.3	2011	5227	36.3
1994	5799	38.0	2012	5458	35.8
1995	5889	38.5	2013	6338	35.0
1996	5883	38.7	2014	6545	35.8
1997	5825	38.7	2015	6527	36.1
1998	4678	38.0			

资料来源:①国家统计局社会统计司编:《中国劳动工资统计资料(1949—1985)》,中国统计出版社 1987 年版;②国家统计局人口和就业统计司、劳动和社会保障部规划财务司编:《中国劳动统计年鉴 2005》,中国统计出版社 2005 年版;③《中国劳动统计年鉴(2004—2017)》,中国统计出版社 2018 年版。

由于独生子女政策实施了三十多年,而这三十多年又是中国社会转型的重要时期,即党的中心工作转为"以经济建设为主",国家经济体制从计划经济转为社会主义市场经济,处于调整、适应状态的女性就业发生了一些明显的变化。

首先,以经济建设为主促进中国经济的快速发展,女性就业机会与挑战并存。一方面,中国女性有了更多更好的就业机会,城镇单位女职工从1981年的3935万增加到2015年的6527万,净增2592万人;另一方面,经济发展带来的产业结构调整又给女性就业增添了压力,城镇单位女职工所占比例1981年为36.0%,到了2015年为36.1%,二十多年后女职工所占比例基本是回到原点,而且从1997年起,女职工所占比例还呈逐年下降趋势。说明女性就业的竞争力并没有得到明显提升,这与鼓励生育时期女职工所占比例逐年上升形成鲜明的对比。

其次,我国社会主义市场经济的确立,使计划经济条件下女性就业的政策保护优势降低,女性就业开始接受市场的选择,就业竞争初现。1980年8月,中央提出了"在国家统筹规划和指导下,实行劳动部门介绍就业、自愿组织起来就业和自谋职业相结合"的"三结合"就业政策,突破了计划经济20年的"统包统配"的就业模式。20世纪80年代中期,我国开始实行劳动合同制,并在招工时实行"面向社会、公开招收、全面考核、择优录用"的"双向选择"政策,劳动力配置开始受到市场机制的选择。在这两种政策的作用下,女性的角色地位和社会分工都发生了明显的变化,女性就业的压力越来越大。

三、独生子女政策对女性平等就业的影响

独生子女政策对中国的人口可持续发展、人口老龄化的加速、独生子女的成长、失独家庭的保障等方面都有不可置疑的影响,但对女性就业却产生了有限的促进作用。

首先,独生子女政策对女性平等就业有一定促进作用。这一政策客

观上提高了中国女性的社会地位和受教育水平,为女性的就业竞争和职业发展打下了良好的基础。大量研究发现,生育率下降对女性家庭和社会地位具有明显的提升效应。"一胎化"的计划生育政策实际上通过强制手段使女性摆脱了频繁生育和抚养子女的沉重负担,因而使女性有更多的时间和精力学习科学文化知识,参与社会经济活动,提高经济独立的能力;同时,女性教育水平及社会经济地位的提高也促进了计划生育工作的开展,降低了生育水平。[1] 有研究者基于对 2005 年 1% 人口抽样调查数据的研究,认为"独生子女政策显著提高了独生子女的人力资本水平,促使他们获得高中及以上教育程度的概率平均提高了 2.7 个百分点"[2]。其中,独生子女中的女性受益更大。我国女性的教育水平与社会地位在数十年的时间里得到了明显的改善和提高。[3] 可以说,原先计划生育政策虽然并不是以提高女性社会地位为主要目标,但客观上将女性从频繁的生育中解放出来,使女性获得了参与社会发展和职业发展的时间与机会。

其次,独生子女政策对女性平等就业的促进作用又具有有限性。独生子女政策使人口得到有效控制,女性教育得到提升,这本来是有利于女性,尤其是生育了独生子女的女性的就业状况。但 20 世纪 80 年代以来,女性就业同时受到市场化和快速城镇化的双重冲击,大量农村剩余劳动力涌入城市,劳动力市场供大于求,就业形势长期处于严峻状态,独生子女政策对女性就业的促进作用也因而被大幅度抵消。

---

① 国家计生委政策法规司 P07 项目课题组:《中国计划生育与妇女地位研究》,《人口研究》1995 年第 6 期。

② 夏怡然、苏锦红:《独生子女政策对人力资本水平的影响研究——基于 2005 年 1% 人口抽样调查微观数据的实证研究》,《南方人口》2016 年第 6 期。

③ 张韵:《"全面二孩"政策对女性职业发展的影响及其因应之策》,《福建行政学院学报》2016 年第 4 期。

第三节　全面二孩政策期与女性就业竞争期（2016年至今）

一、全面二孩政策的实施

全面二孩政策仍然属于计划生育政策的延续。2015年10月，为促进人口均衡发展，完善人口战略，党的十八届五中全会公报提出，全面实施一对夫妇可生育两个孩子政策，积极开展应对人口老龄化行动。这标志着我国的人口生育政策进入到了一个崭新的"全面二孩"时代。它虽然仍是计划生育政策的延续，但却标志着我国人口政策由控制导向开始向一定的鼓励导向转变，且政策向所有人群放开，大大提升了政策的公平性。

2015年10月召开的党的十八届中央委员会第五次全体会议正式提出："全面实施一对夫妇可生育两个孩子政策。"这一政策在民间被称为"全面二孩"政策，即所有夫妇，无论城乡、区域、民族都可以生育两个孩子。它于2016年1月1日起正式施行。之后新修订的《中华人民共和国人口与计划生育法》也将"鼓励公民晚婚晚育，提倡一对夫妻生育一个子女"正式修改为"国家提倡一对夫妻生育两个子女"。并删除了"晚婚晚育可以获得延长婚假，生育假的奖励或者其他福利待遇"的说法，修改为"符合法律、法规规定生育子女的夫妻，可以获得延长生育假的奖励或者其他福利待遇"。与此同时，其他相关配套政策也在陆续完善。

"全面二孩"政策旨在通过扩大育龄群体的范围，形成对人口增长的更大刺激，以实现调整我国人口结构，应对人口老龄化挑战的使命。"全面二孩"政策实施后,相关专家表示,2017 年全面二孩政策效应会进一步显现,"十三五"期间是全面二孩政策效应集中释放期。然而 2018 年已进入全面二孩政策的第三个实施年,从具体执行效果来看,政策对人口增加的刺激效应有一定的显现,但与预期效果仍有较大的差距。

从 2016 年和 2017 年的政策结果来看,全面二孩政策的出台确实带来了我国出生人口总量一定程度的增加。国家统计局数据显示,2016 年全国出生人口 1786 万人,人口出生率为 12.95‰,人口自然增长率为 5.86‰;2017 年全国出生人口 1723 万,人口出生率为 12.43‰。与"十二五"时期相比,2016 年和 2017 年的出生率分别提高了 0.84 个和 0.32 个千分点,也是 2000 年以来的两大人口出生高值年。

但对于这个结果,还需要从两个方面给予分析。一方面,全面二孩政策放开后总出生人口虽有所增加但却低于政策预期,国家卫计委在全面二孩政策实施之初预测人口出生高峰将出现在 2018 年,而对 2017 年出生人口的最低预测为 2023.2 万。但 2017 年实际出生人口比国家卫计委的预测少了 200 多万,有专家甚至认为这代表人口出生高峰在 2017 年就已过去。且如果 2018 年生育率和出生人口维持 2017 年的下降速度,则 2018 年生育人口会回到全面二孩政策放开前的 2015 年的水平。另一方面,"全面二孩"政策实施后"二孩"出生率显著提高并对这两年人口总量的增加贡献比较明显。可以说 2016 年和 2017 年是"二孩"效应得以充分显现的两年。国家统计局数据显示,2015 年出生人口总量中"一孩"比重下降为 57%,"二孩"及以上比重上升为 43%;2016 年"二孩"及以上出生人口占比超过 45%;2017 年二孩政策对人口数量增加的贡献首次超过"一孩","二孩"占全部出生人口的比重达到 51.2%。黄文政认为,如果全面二孩政策没有效果,出生人口恐怕还要少至少两三百万。2017 年出生人口比 2016 年减少了 63 万,主要原因是一孩出生数量下降较多。"2017 年的二孩数量确实多于上一年,但却不足以弥补'一孩'人数的锐减。"

相关专家学者提出,放开全面二孩政策是一个进步,但还不够。育龄人口的减少和社会生育意愿的快速下降仍会使得未来出生人口逐步回落。二者将共同导致一孩出生率不断下降,同时全面二孩政策也会随着育龄人口的减少和一孩出生率的下降难以发挥持续效应。因而,低生育率危机仍将是未来几十年我国人口结构面临的最大挑战。黄文政甚至提出:"出生人口将在 2018 年进入雪崩状态,在之后十年将以每年减少 30 万到 80 万的速度萎缩。要实现 2020 年总人口达到 14.2 亿的目标,最晚在 2018 年就需全面放开生育,并同时开始大力鼓励生育。"

从与独生子女政策并行的"单独二孩"政策,再到目前正在推进的全面二孩政策,中国人口结构的巨大变化推动生育政策的逐步调整,而生育政策反过来又在宏观上进一步促进人口结构的深层次变化,同时生育政策在微观上对亿万家庭的生育行为和生活模式也产生深刻影响。但无论怎么调整,当前及未来生育政策的价值导向都应从原先的政治选择逐步让渡于家庭和个人的生育决定,落脚点都应是促进经济社会均衡协调发展。

二、全面二孩政策下的女性就业竞争期

由于全面二孩政策正式实施周期较短,关于这一时期对女性平等就业的统计数据也只有 2016 年和 2017 年的部分数据,学术界这方面的研究也多是预测性的,有统计数据支撑的研究较少,为弥补数据的不足,加上当前女性就业的评估趋于系统化,在此借鉴世界经济论坛发布的《2017 年全球性别差距报告》中的女性就业机会、劳动报酬、职业发展指数,以及联合国颁布的性别发展指数 GDI(Gender-related Development Index)中的性别教育指数、性别收入指数的分类方法,从职业机会、职业地

位和职业发展三个维度分析全面二孩政策下的女性就业情况,其中职业机会包括劳动参与率、城镇单位就业人数两个指标,职业地位包括行业分布、职业构成、工作时间和平均薪酬三个指标,职业发展包括职业级别和失业状况。此处研究的重点不是建立女性平等就业指标体系,而是通过分析框架的建立对女性就业状况进行描述性分析(见图2.2),以求多角度真实客观全面地展现女性就业现实图景。总体而言,与前一个时期比较,女性就业的竞争和市场化态势更为明显。

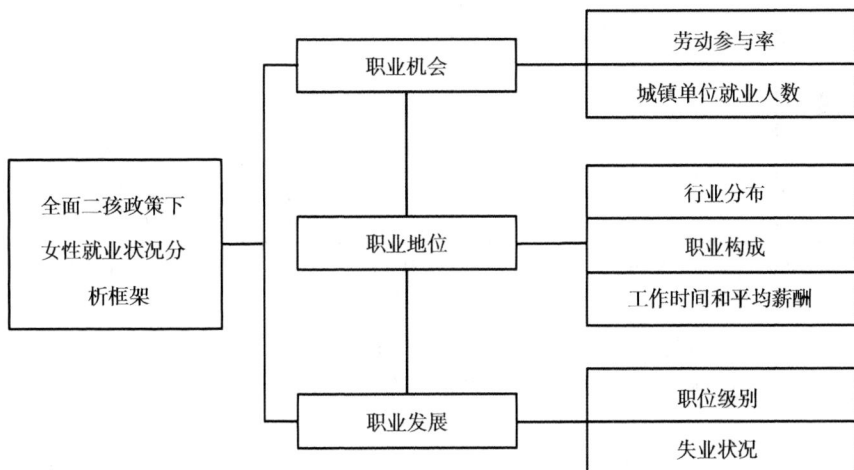

图2.2　全面二孩政策下女性就业状况分析框架图

(一)女性就业机会

分析维度一:女性劳动参与率。[①]

劳动参与率(Labor Participation Rate)是指一国经济活动人口[②]在总劳动力年龄人口中的比例。它反映了一个国家经济中蕴藏的劳动力资源

———————————

① 劳动参与率的相关数据皆是结合《中国统计年鉴》和《中国劳动统计年鉴》数据测算得来。
② 中国国家统计局对经济活动人口的定义是:在16周岁及以上,有劳动能力,参加或要求参加社会经济活动的人口。包括就业人员和失业人员。

和劳动力参与市场劳动的意愿,是衡量劳动力市场变化的重要指标。根据《中国统计年鉴》和《中国劳动统计年鉴》2016 年的数据,2016 年中国女性总人数接近 6.7 亿,占总人口的比重为 48.79%,16 岁以上女性人口5.6 亿人,其中女性劳动力超过 4 亿,占 16 岁以上女性人口的 72.6%,中国女性劳动力占中国劳动力总量的 46.4%。

中国女性劳动参与率%

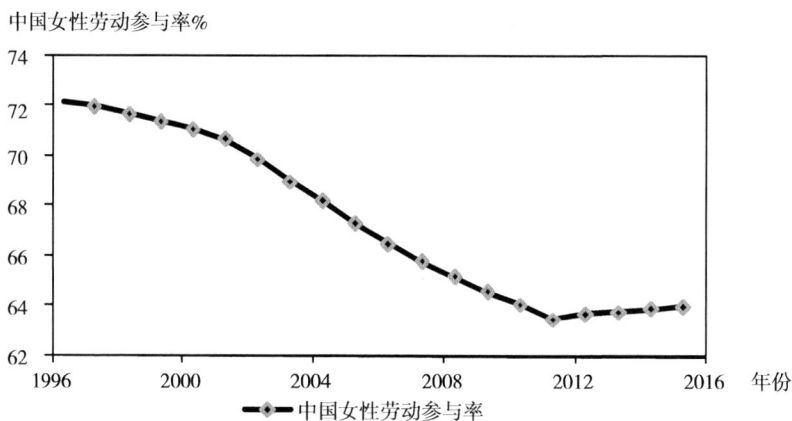

图 2.3　1990—2017 年中国女性劳动参与率变化趋势

数据来源:世界银行数据库。

如图 2.3 所示,根据世界银行的数据,随着劳动力配置权由国家向市场开放,我国女性劳动参与率呈逐渐下降趋势,从 1990 年到 2017 年,27年的时间下降了 10.55 个百分点。2000—2010 年 10 年间,女性劳动参与率下降幅度最为明显,2010 年之后,下降态势又逐渐归于平稳。但平稳下降中仍出现了一些细微的变化:2010—2014 年,女性劳动参与率虽不断下降,但下降幅度是递减的态势,但从 2014 年开始,却呈现出下降幅度缓慢增加的变化。即 2010 年、2011 年、2012 年、2013 年女性劳动参与率分别较上一年下降 0.52 个、0.14 个、0.11 个、0.08 个百分点,下降幅度递减;2014—2017 年,女性劳动参与率较往年分别下降了 0.08 个、0.09个、0.1 个和 0.2 个百分点,下降幅度递增。

中国从 2014 年开始正式步入二孩时代,2014 年和 2015 年是"单独二孩"政策实施的重要年份,而 2016 年和 2017 年则是二孩政策全面放开的两年,虽然这一时期女性的劳动参与率下降幅度看似平稳,但已显现出明显的增速,加上全面二孩政策对女性就业的宏观影响存在一个迭代滞后期,其对女性劳动参与的影响还尚未充分展现和释放。此外,男女劳动参与率的差距也在逐年扩大,1990 年男性比女性劳动参与率高 9.45%,2017 年这一差距进一步扩大到 14.0%。这都表明相对男性而言,女性的劳动参与状态较不稳定,市场劳动投入不足,且投入量一直在减少,也间接表明越来越多女性回归家庭生活。全面二孩政策下女性回归家庭有所增加是一个值得关注的社会现象。

分析维度二:女性城镇单位就业人数。

从女性城镇单位就业状况来看。首先从女性城镇单位就业总数来看,从目前已发布的统计数据看,全面二孩政策背景下女性在城镇单位就业总数仍处于下降趋势。2015 年女性城镇单位人员就业总数为 6527 万人,2016 年女性城镇单位人员就业总数有所减少,为 6517.6 万人(见表2.3),这其中有非正规就业人数增加等因素,但二孩生育政策的因素也不可忽视。其次从女性在城镇单位就业的比例来看,近年来,我国女性在城镇单位就业人员中所占比例经历了一个缓慢的下降周期。2007 年女性在城镇单位就业比例为 37.8%,到 2013 年降至 35%,2015 年、2016 年又分别上升到 36.1%、36.4%的水平,但十年间总体处于下降趋势。

表 2.3　我国女性在城镇单位就业比例变动趋势(2007—2016 年)

年份	2007	2010	2013	2014	2015	2016
女性城镇单位就业总数(万人)	4540.3	4861.5	6338.3	6546.2	6527.0	6517.6
城镇单位就业人员总数(万人)	12024.4	13051.5	18108.4	18277.8	18062.5	17888.1

续表

年份	2007	2010	2013	2014	2015	2016
女性所占比例（%）	0.378	0.372	0.350	0.358	0.361	0.364

数据来源:2008—2017年《中国劳动统计年鉴》。

（二）女性职业地位

分析维度三:女性就业的行业分布。

女性在不同类型行业的分布①或女性就业的行业构成是女性经济参与的重要指标。表2.4梳理了2015年和2016年城镇单位女性在各行业的比重及变化。其中,2016年女性达到或超过半数的行业是卫生、社会保障和社会福利(64%),教育(55%),住宿和餐饮(55%),金融(52%),批发和零售(50%),这五个行业中女性就业占比都在50%以上。排名前10位的行业中,卫生、社会保障和社会福利,教育,金融,文化、体育和娱乐,信息传输、计算机服务对从业人员的素质要求都较高,表明当代女性受教育程度的普遍提升。所有行业中,女性比例增长最快的行业是教育,2007年至2016年的10年里增加了6个百分点;女性比例减少最多的行业是制造,10年里减少了4个百分点。

表2.4 2015—2016年行业城镇单位女性就业人员占比(%)

排序	行业	2015	2016
1	卫生、社会保障和社会福利	0.63	0.64
2	教育	0.54	0.55
3	住宿和餐饮	0.55	0.55
4	金融	0.52	0.52
5	批发和零售	0.51	0.50

---

① 行业类别的划分主要依据我国《国民经济行业分类》(GB/T4754-2011)。

续表

排序	行业	2015	2016
6	文化、体育和娱乐	0.45	0.45
7	居民服务和其他服务	0.42	0.44
8	水利、环境和公共设施管理	0.41	0.41
9	信息传输、计算机服务	0.39	0.39
10	制造	0.40	0.39
11	房地产	0.37	0.37
12	农林牧渔	0.36	0.36
13	租赁和商务服务	0.33	0.33
14	科学研究、技术服务和地质勘查	0.31	0.31
15	公共管理和社会组织	0.31	0.31
16	电力、燃气及水的生产和供应	0.28	0.27
17	交通运输、仓储、邮政	0.26	0.26
18	采矿	0.18	0.19
19	建筑	0.11	0.11

数据来源:2016—2017 年《中国劳动统计年鉴》。

如表 2.5 所示,从 2012 年开始,女性从业人数最多的前 5 个行业分别是批发零售(23.1%)、制造(18.2%)、农林牧渔(9.4%)、教育(7.9%)、住宿和餐饮(6.5%)(数据为 2016 年)。这五个行业 2016 年的年平均工资分别是批发零售 65061 元、制造 59470 元、农林牧渔 33612 元、教育 74498 元、住宿和餐饮 43382 元。除教育外,其余几个行业都属于年平均工资不高的行业。由此可以看出,全面二孩政策背景下,女性就业分布的行业层次仍不高。

表 2.5　2011—2016 年女性就业人数最多的前五个行业

序号	2011	2012	2013	2014	2015	2016
1	信息、软件和技术服务(5.5%)	住宿和餐饮(5.3%)	住宿和餐饮(5.3%)	住宿和餐饮(5.9%)	住宿和餐饮(6.6%)	住宿和餐饮(6.5%)

续表

序号	2011	2012	2013	2014	2015	2016
2	教育 (5.5%)	教育 (5.5%)	教育 (5.7%)	教育 (6.0%)	教育 (7.7%)	教育 (7.9%)
3	农林牧渔 (15.6%)	农林牧渔 (16.2%)	农林牧渔 (15.0%)	农林牧渔 (13.9%)	农林牧渔 (9.5%)	农林牧渔 (9.4%)
4	制造 (22.4%)	制造 (21.1%)	制造 (21.2%)	制造 (20%)	制造 (19.3%)	制造 (18.2%)
5	批发零售 (18.4%)	批发零售 (20.6%)	批发零售 (21.2%)	批发零售 (22.4%)	批发零售 (22.6%)	批发零售 (23.1%)

数据来源:2012—2017年《中国劳动统计年鉴》。

分析维度四:女性就业的职业构成。

如表2.6所示,农林牧渔水利业生产人员和商业、服务业人员是女性就业人员的主要职业构成。我们暂时排除收入、福利等因素,根据体力、脑力劳动付出大小、工作复杂程度、受教育程度和社会声望等,将各类职业分为五个等级:第一层为专业技术人员和党政机关、企事业单位负责人,他们是脑力劳动者,所需的教育程度较高,工作复杂性强;第二层为办事人员,他们以脑力劳动为主,需一定的教育水平;第三层为商业工作人员和服务性工作人员,此类职业以体力劳动为主兼有一定的脑力劳动;第四层为生产、运输工人及有关人员,其主要是体力劳动,但劳动的复杂程度及使用工具的水平较高;第五层为农林牧渔劳动者,其性质是体力劳动且劳动条件较差,社会保障水平较低。[①] 可以看出,一方面,全面二孩政策背景下,全国女性就业人员的职业主要集中在第三层和第五层,职业分布层次不高;另一方面,在各类职业中,女性职业流动发生缓慢,从2005—2016年的12年间,职业分布格局没有发生明显的变化,全面二孩政策放开后,仅专业技术人员比例有微弱降低。

---

① 刘伯红:《中国女性就业状况》,《社会学研究》1995年第2期。

表 2.6 2005—2016 年女性就业人员职业构成(%)

年份	单位负责人	专业技术人员	办事人员和有关人员	商业、服务业人员	农林牧渔水利业生产人员	生产、运输设备操作人员	其他
2005	0.7	8.2	2.6	13.0	62.6	12.7	0.2
2007	0.5	6.1	2.7	13.0	65.4	12.1	0.2
2009	0.5	6.2	2.9	15.0	62.7	12.4	0.2
2011	1.0	10.9	4.4	21.7	45.1	16.7	0.2
2013	1.2	11.2	5.2	23.1	42.5	16.5	0.3
2014	1.2	11.9	5.6	24.9	40.1	16.0	0.4
2015	1.2	13.0	8.2	28.5	34.0	14.8	0.4
2016	1.2	12.9	8.6	29.4	32.7	14.7	0.5

数据来源:2005—2017 年《中国劳动统计年鉴》。

分析维度五:女性的工作时间和平均薪酬。

全面二孩政策背景下,如表 2.7 所示,城镇就业女性平均每周工作时间为 45.2 小时,大部分女性的工作时间构成是"40 小时",其次是"48 小时以上",与男性工作时间构成相对一致。但这并不代表女性所承担的压力较小或者与男性相同。而且男女相差无几的工作时间并没有转化为同等的待遇。2016 年中国性别薪酬差异报告显示,2016 年中国女性劳动者平均税前月薪为 4449 元,比男性平均工资低 22.3%。薪酬差异中除行业、城市以及劳动者个人学历和工作经验的影响外,仍有 44% 的不可解释因素,反映出性别是导致我国目前男女"同工不同酬"问题的重要因素。

表 2.7 2016 年按性别分城镇就业人员工作时间构成(%)

工作时间	1—8 小时	9—19 小时	20—39 小时	40 小时	41—48 小时	48 小时以上
男	1.0	0.9	4.7	41.4	18.1	33.9
女	1.2	1.4	6.5	43.9	18.7	28.3

资料来源:2017 年《中国劳动统计年鉴》。

（三）女性职业发展

分析维度六:女性的职业级别。

从女性职位级别来看。智联招聘《2018 年中国女性职场现状调查报告》的抽样调查显示,在职级性别比中,男女比例呈倒挂状态,即基层女职工比例大于男职工比例,管理层女职工比例小于男职工比例(见表2.8)。这说明女性的职业晋升难度高于男性,职位层级越高性别差距越大。

表 2.8　男女职位级别对比

职位级别	女性(%)	男性(%)
其他	0.4	0.5
高层管理人员	1.2	3.4
中层管理人员	11.6	17.9
基层管理人员	19.6	25.9
普通员工/职员	67.1	52.3

资料来源:智联招聘《2018 年中国女性职场现状调查报告》。

尽管"玻璃天花板"现象在女性职业发展中还客观存在,但仍然有24.3%的女性希望获得升职(见表 2.9)。因此,女性对升职的主观愿望和实现这一愿望的客观瓶颈,成为女性职业发展中的一个阻碍。

表 2.9　职业规划选择性别比

职业规划要素	女性(%)	男性(%)
不断提升,获得个人价值的增值	0.4	0.5
可独当一面,接受更多工作挑战	1.2	3.4
获得清晰的职业发展路径	11.6	17.9
拓展职业人脉,积累经验	19.6	25.9
实现财务自由	67.1	52.3

续表

职业规划要素	女性(%)	男性(%)
获得升职,成为管理者或领导者	24.3	30.6
职业趋稳定,侧重家庭	19.7	19.6
技术精进,成为技术专家	12.5	23.1
做自由职业	8.1	7.4
其他	5.0	6.0

资料来源:智联招聘《2018年中国女性职场现状调查报告》。

分析维度七:女性的失业状况。

从登记失业状况①来看,如表2.10所示,2015年末女性登记失业人数为335.8万人,女性占总登记失业人数的42.5%。2016年末女性登记失业人数增加了20万人,共355.8万人,占比也上升到44.3%。

表 2.10 2015—2016年女性登记失业人数及在总失业人数中的占比

年份	年末女性登记失业人数(万人)	在登记失业总人数中占比(%)
2015	335.8	42.5
2016	355.8	44.3

数据来源:2016—2017年《中国劳动统计年鉴》。

进一步对女性失业人员未工作原因进行统计分析发现,如表2.11所示,2016年失业女性未工作原因构成中,"料理家务"占34.1%,是失业女性未工作的主要原因,而男性失业者未工作的主要原因则为个人原因,"料理家务"仅占其未工作原因的3%。由此可以看出,一方面,二孩政策背景下,回归家庭成为大量女性远离职场的主要原因;另一方面,反映了女性仍然是家务劳动的主要负担者,男女家庭分工仍不均等。

---

① 根据《中国劳动统计年鉴》"各地区城镇登记失业人员情况"汇总而来。登记失业人数难以精确地反映失业真实情况,在这里仅作为一种描述性参考。

表 2.11　2016 年城镇失业人员未工作原因构成统计（%）

未工作原因	正在上学	毕业后未工作	单位原因	个人原因	承包土地被征用	离退休	料理家务	其他
男	2.4	19.1	21.4	32.3	1.5	3.0	3.0	17.2
女	1.7	13.5	11.7	26.1	0.8	3.8	34.1	8.4

数据来源:2017 年《中国劳动统计年鉴》。

三、全面二孩政策对女性平等就业的影响

由以上分析可知,全面二孩政策下,在就业机会上,女性与男性的差距加大;在职业地位上,目前的格局没有明显的变化,女性所属的行业和职业仍处于较低层次,工作时间长但薪酬水平却较低;在职业发展上,女性更不容易晋升,失业人数递增,且极易受家庭影响而长期失业。因而,本文在此根据就业歧视理论和统计性歧视理论认为,全面二孩政策放开后,用人单位会基于女性生育行为增加、招录女性员工意味着要担负较原来多一倍的"自然附加成本"以及女性劳动生产率较低的预期,加剧对女性的就业歧视,进而形成对女性平等就业的负向影响。

鼓励生育政策时期,女性生育负担的繁重与国家统包统分的就业政策形成一定程度的中和效应,使得鼓励生育对女性平等就业的负向影响并不明显。独生子女政策时期,由于女性生育负担的大幅度减轻,生育政策对女性平等就业产生了很大的促进作用,虽然市场经济带来的竞争和干扰对这种促进作用形成了一定的抵消和限制。全面二孩政策加重了女性的生育负担,短期内也无法像鼓励生育政策期那样可以通过强有力的政策保障化解生育负担,而且伴随市场经济的完善女性面临的市场竞争越发激烈,因而对女性平等就业产生了不利影响。换言之,全面二孩政策背景下,我国生育和就业仍处于负相关的关系。

第四节　小结与启示

一、小结

上述对新中国成立以来我国生育政策与女性就业的梳理,是基于生育政策的变迁和女性就业的发展两条主线,生育政策、女性就业状况、生育政策对女性平等就业的影响三个变量而形成的。其中生育政策的变迁经历了倡导生育政策期、独生子女政策期和全面二孩政策期三个阶段;女性就业的发展也经历了鼓励女性就业期、就业调整期和就业竞争期三个阶段。与此相应的是,生育政策对女性平等就业的影响经历了无明显影响、积极影响和消极影响三个阶段。计划经济背景下的鼓励生育期,男女平等成为社会主义国家的主流意识形态和最高法律规范,并体现在其基本经济制度中,一方面,经济社会发展的需要和对性别平等意识的推进,共同导致这一阶段女性出现了"过度就业";[1]另一方面,中国城镇职业妇女背负的双重角色负担,大多被政府通过"单位"实施的公共福利政策和公共服务"消解"了,同时也能获得大家庭其他成员的支持。因而,这一时期生育政策对女性平等就业并无明显的消极影响。计划生育时期的独生子女政策阶段,由于女性从繁重的生育负担中解放出来,从而有更多的时间投入自身的学习和发展,由此提升了其市场竞争力及参与市场劳动的机会,因此,这一时期的生育政策对女性平等就业具有一定的积极影响。全面二孩政策时期,生育负担的加重及由此而引发的市场歧视的升

---

① 潘锦棠:《经济转轨中的中国女性就业与社会保障》,《管理世界》2002 年第 7 期。

级,使得全面二孩政策对这一时期的女性平等就业产生了一定程度的消极影响。在生育政策和女性就业两条主线之间,有两个非政策因素与女性就业直接相关,一是经济体制因素,二是女性角色因素。在就业影响因素中,尽管女性就业受社会、经济、文化、政策等诸多因素的影响,但是其中起重要作用的是经济体制因素。我国从计划经济向市场经济的转型对女性就业有直接的影响。计划经济时期,在"单位制"的社会制度下,女性就业渠道和方式较为固定和单一,随着计划经济向商品经济、市场经济的转型,以及现代企业制度的建立,女性就业选择空间逐渐扩大。与经济体制相关联,女性角色在三个阶段也发生了重要变化。倡导生育期,女性参加就业,甚至是照顾家庭,都上升到了国家政治经济建设需要的高度。此时,女性的"国家人"和"家庭人"角色是交融在一起的。独生子女政策时期,女性角色的"国家化"色彩已经完全淡化,生育下降带来的一定程度的解放和教育水平的提高,为女性的独立和劳动竞争提供了基础,女性的"市场化"角色日益鲜明。全面二孩政策期,女性一方面仍然要接受市场的选择;另一方面家庭领域带来的负担加重,此时女性所承担的是"市场化"和"家庭化"的双重角色。女性从鼓励生育政策时期家庭妇女的"家庭人"角色转变为受国家就业政策保护的"国家人"角色,到独生子女政策时期"国家人"角色转变为就业受市场挑选的"市场人"角色,再到"市场人"角色与部分女性开始回归家庭的"家庭人"角色并存。女性角色的变化也对女性平等就业产生重要的影响。

两条基本主线,两种重要因素相结合的纵向发展,共同形成了我国生育政策与女性就业发展的纵向变迁(见图 2.4)。

二、启示

启示一,政策变迁需要采用动态均衡的变迁形态。

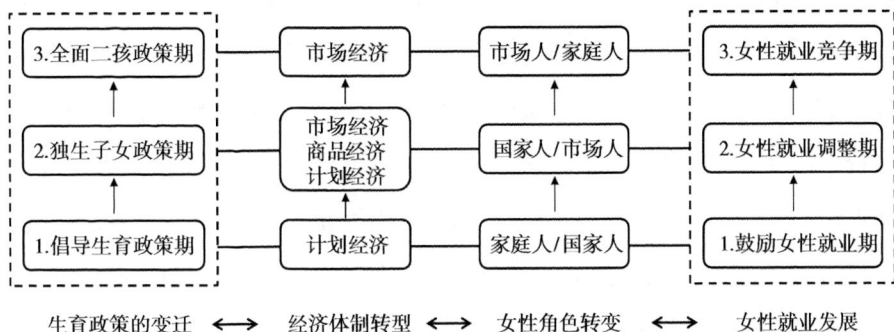

图 2.4　我国生育政策与女性平等就业的发展

根据政策的均衡理论,公共政策的发展总是遵循从"非均衡"到"均衡"再到新的"非均衡"的基本发展规律,但"动态均衡"是其发展核心,也是它追求的目标。生育政策的两次大转移,采用的是两种完全不同的政策变迁方式。第一次政策变迁采用的是"突变式"变迁。从提倡生育政策到独生子女政策的政策大转移,打破了政策"渐进式"变迁的平稳过渡(主要指生育数量由不限变为只能生一个,政策收得过紧),形成了一种"突变式"的政策变迁。尤其是在政策执行过程中,把计划生育政策的"提倡一个家庭只生一个孩子"演变为在城镇企事业单位实际执行的强制性一孩规定。这为后来中国人口结构的发展不平衡埋下了祸根,是我国生育政策变迁史的一个教训。第二次政策转移采用的是"渐进式"变迁。从独生子女政策到全面二孩政策,之间经历了"单独二孩"政策的过渡,使全面二孩政策的出台有一个决策试验期、社会适应期和公众心理接受期,计划生育政策实现了"渐进式"变迁的平稳过渡。这说明不同的政策变迁形态会有完全不同的政策效果,如果不是社会环境的巨变,公共政策的发展应该提倡采用"渐进式"的变迁形态。

启示二,女性就业政策需要适应市场经济体制的要求。

不同历史时期女性的就业状况是受不同因素影响的。早期受国家调控,男女就业没有明显的差别化。由市场分配后,市场机制配合其他政策要素特别是生育政策,开始对女性就业产生一定的影响。"全面二孩"政策实施后,社会可能形成女性子女数和家务劳动时间增加、社会劳动时间减少的预期。因而,无论女性是否有婚育经历,雇主对女性工作时间和人力资本的预期都相应降低,从而有些雇主不再愿意招录女性,形成女性劳动力参与的"生育代价"。这一"生育代价"将是我国在推行"全面二孩"政策过程中,对女性就业所产生的最直接的影响。因此,目前来看,全面二孩政策的放开在一定程度上加剧了女性的就业困境,使得本已存在的就业性别歧视具有潜在扩大化的趋势。因此,女性就业要适应市场经济体制的要求,前提是相关政策必须要适应市场经济体制的要求。

启示三,二孩政策下女性就业需要政策配套的均衡发展。

公共政策体系分为基本国策和一般政策。基本国策是国家根据基本国情所做的策略选择,是基本国情决定的某类具有全局性、长期性、战略性意义的问题的系统对策,代表了国家的全局利益和长期利益。计划生育政策就是我国的基本国策,除此以外与女性就业相关度较高的还有属于一般政策的公共服务政策。如刘伯红等提出,计划经济时期,国家在城市通过单位(或企业),在农村通过人民公社(或生产队),大力发展托幼事业、公共服务和福利事业,实现家务劳动社会化①,以减轻劳动者的家庭负担;经济体制转轨后,这些公共服务被转入市场和家庭。当市场提供的公共服务不能满足家庭照顾的需要时,家庭照顾的责任又重重地落在了家庭中的女性身上;当女性背负双重负担参与劳动力市场竞争的时候,就凸显了劳动力市场对女性的歧视;当公共服务不能满足劳动者日益提高的家庭照顾服务和劳动力市场排斥女性时,传统"男外女内"的角色分工又卷土重来,并成为大多数家庭成员的"理性"选择。由此可见,公

---

① 家务劳动社会化是列宁主义论妇女解放运动的核心概念。该理论最早起源于法国哲学家圣西门的空想社会主义,意即通过社会有组织的家务劳动,把妇女从每家每户的琐碎的家务劳动中解放出来。

共服务政策在促进女性就业、增进社会公平方面具有直接保障作用,同时也是计划生育基本国策得以贯彻落实的配套政策,主要包括劳动就业、社会保障、基础教育等。其中涉及女性平等就业的相关政策主要有《中华人民共和国妇女权益保障法》《中华人民共和国劳动法》《中华人民共和国就业促进法》等法律和女性就业与生育保障的其他政策。与计划经济下的鼓励生育政策期相比,全面二孩政策期,由于就业与生育政策相对滞后或政策落实不到位,造成二孩政策的实际效果低于政策预期,对女性就业尤其是职业发展也有一定影响。这说明生育政策需要政策配套,二者形成动态均衡才能保障政策实施,也才能促进女性平等就业和二孩生育率的提高。

总体来说,对生育政策变迁和女性就业发展的回顾,是为了给二孩政策下女性平等就业研究提供可资借鉴的经验教训。其中尤其要注意的是,女性就业在公共政策上主要受生育政策和公共服务政策的双重影响,政策发展的不均衡以及政策体系的不均衡都会影响女性平等就业。这种影响一方面代表当下实施全面二孩政策并非是与我国国情相均衡的一项生育政策,政策变迁处于不均衡的状态;另一方面代表全面二孩政策的配套公共服务和相关经济社会政策还不完善,横向政策间的断裂和缺失对女性就业带来的不利,同时对全面二孩政策的执行和效应发挥也形成了阻碍和抵消。这是当下全面二孩政策以及未来人口政策都应着重考虑的问题。

第三章　政策系统均衡:全面二孩政策下女性平等就业的配套政策分析

在纵向考察生育政策与女性平等就业历史发展的基础上,本章以当前的全面二孩政策与相关公共服务政策的联系为面上的横向分析,结合新制度经济学动态均衡的演化路径,讨论两类政策的均衡状态及其对女性平等就业产生影响的机理和具体体现,以期为女性平等就业问题的解决以及形成提升女性平等就业的政策思路奠定基础。由此,围绕女性平等就业研究,讨论的重点从第二章的政策变迁均衡分析进入本章的政策系统均衡分析。

第一节　从政策系统均衡看全面二孩政策下的女性平等就业

一、政策系统均衡的构成

政策系统均衡,是根据影响公共政策的内、外部环境的划分,将决定公共政策发生稳定性变化的因素进一步细分为内部因素和外部因素。内部因素是指在政策内部,政策相关要素之间力量的博弈等形成的互动和整合,包括权利与义务以及相关利益关系的对比等;外部因素是指公共政策与其同期的其他公共政策的联动和配合。内部各相关方的力量对峙状态决定外部相关政策间的联动程度,而外部政策之间的配合和支持也进一步影响政策内部各方力量间的格局。二者之间相互促进,共同决定公共政策形成稳定—不稳定—稳定的运动态势,即均衡状态的动态演化。

对全面二孩政策而言,政策系统的动态均衡也由内部均衡和外部均衡共同作用形成。如图 3.1 所示,一方面,政策的参与者包括政策的实施者即以政府为代表的国家和政策的参与者——女性、家庭,以及与政策关联度较高的市场主体——企业。因而,政策的内部均衡主要围绕着政府与女性、政府与家庭以及企业之间权利与义务是否统一、责任与权益是否公平展开。另一方面,全面二孩政策处于一个有机整体的政策体系中,因而,政策外部均衡是指全面二孩政策与相关配套政策是否联动、有序。这些配套政策主要包括医疗、教育、税收、社保、就业、住房等。内外均衡状态共同决定全面二孩政策是否能够形成一个稳固、有效的政策系统并发挥其政策效力。

二、全面二孩政策的系统内、外均衡分析

(一)全面二孩政策系统内部均衡分析

全面二孩政策正式出台前后,借助于我国网络的普及和新媒体平台的积极推介,这一政策议题形成了多层面、广覆盖的网络舆论场,它虽然是政府自上而下发起的重大政策的制定和调整过程,但过程和方式已与之前的生育政策的出台存在很大的不同,一方面政府借助网络实现了问政和咨政,另一方面公民实现了相对充分的政策参与,政民互动度整体处

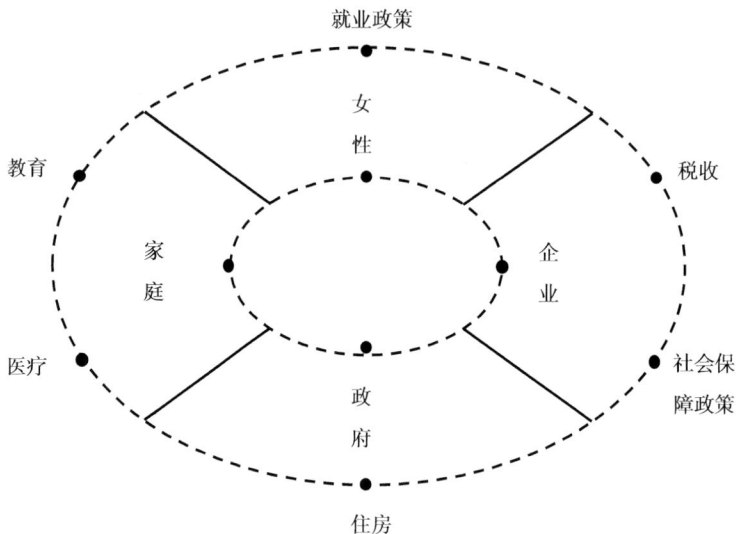

图 3.1 全面二孩政策的系统内外均衡构成

于较为理想的状态。① 但是,这一政策在互动过程中,与政策相关度较高的女性群体的政策参与度和回应度却并不充分。女性是生育和照顾孩子的主要担负者,也是生育政策顺利达到期望目标的关键所在。因此,女性群体应该在整个政策链条中扮演重要一环,但事实却是政策在出台和合法化过程中作为生育主体的女性参与度不高,女性的立场、心声、诉求和利益被重视度不够。

全面二孩政策放开后的女性社会地位问题,虽然在线上线下、学术界、社会等不同空间和领域也引发了规模性的讨论,但仅是作为一个政策次生话题或外延话题而存在的,话题中所牵涉的政府与女性、家庭、社会以及企业的主体地位和责任界定、义务分担等,在政策正式实施前并没有进行专题性的讨论,相应的权利保障和风险规避等在全面二孩政策正式实施后也都没有形成政策层面的思考。女性的利益被重视度不够,在政

---

① 李志、兰庆庆:《公民网络政策参与的制度化沟通及其实现路径——基于 2015 年网络六大舆情的分析》,《中国行政管理》2016 年第 6 期。

策前后充满了权利和义务的不对等。

总体而言,全面二孩政策的设计和制定,政府主导政策权利和利益,女性和家庭履行生育二孩的"义务",但权益维护和争取的渠道不足,这种由性别平等意识不足所导致的政策内部主体力量失衡状态,强化了女性的"母亲"身份定位,固化了女性和家庭的抚育责任。企业也承担了部分因生育转嫁的责任,但企业会进一步将这种责任交由家庭特别是女性"埋单"。"生育政策、女性及其基本权利是计划生育体系三个非常重要的方面,它们之间是一种密切互动的相辅相成关系,任何一方的正向发展都可能会触及其他两者的良性生态循环,而任何一方的严重缺失也都可能会严重影响整个计划生育体系的正常运行"[1],因此,这种失衡状态不仅直接导致女性劳动就业权利的损害,同时加重了女性在职场和家庭之间两难的困境。

(二)全面二孩政策系统外部均衡分析

任何一项公共政策问题都不是孤立出现的,因而单项公共政策在执行过程中也不能单独地、孤立地产生效果。一个问题的解决建立在其他问题的解决及解决效果的基础之上,所以,全面二孩政策也处于一个与其他政策有机联系的政策系统内,与其他政策的互动和配合决定单项政策能否完成政策目标,达到预期的政策效果,这也代表了全面二孩政策能否达到外部均衡状态。

有学者指出,对单独二孩政策的评估研究表明大量家庭符合政策条件却选择不生育二孩,究其主要原因在于三大压力,即经济压力、照料子女的压力、女性自身事业上发展的压力,这一结论对于全面二孩政策仍然

---

[1] 邝利芬、程同顺:《"全面二孩"生育政策下女性基本权利的保障——基于性别公正的视角》,《天津行政学院学报》2016 年第 4 期。

是适用。① 这三大压力的形成,代表了生育政策和相关经济社会配套政策的断裂或失衡。这种断裂或失衡一方面缘于政策变迁具有一定的路径依赖,即"在时间顺序中原因与前一阶段的事件相关",如"单独二孩"阶段的计划生育政策支持体系并不健全,全面二孩政策出台后,这种制度的自我强化机制将会使这种既有的制度状态依然保持;另一方面缘于新政策的出台,需要相应的政策调适和适应期,特别是全面二孩政策相较"双独二孩"和"单独二孩"政策覆盖范围更大,现有的配套体系面临更大的转变和挑战,因而累加了这种失衡状态。

由以上分析可以看出,全面二孩政策内部各方力量对比的失衡和外部无法与其他相关领域配套措施联动、配合共同导致了二孩政策和配套政策两类政策的失衡状态。以下将具体探讨两类政策系统失衡的具体节点和作用效应。

第二节 二孩政策与公共服务配套
政策的系统失衡

当前的二孩政策系统失衡,主要是指全面二孩政策与相关配套政策在促进人口增长的政策目标下,并未构成完整的政策体系,且尚未形成政策合力。在全面二孩政策的持续推进下,目前相关配套政策虽然也具有一定程度的发展,但仍存在一定的失衡现象,并具有较为鲜明的失衡特征。以下将予以具体分析。

---

① 彭希哲:《实现全面二孩政策目标需要整体性的配套》,《探索》2016年第1期。

一、全面二孩配套政策的发展

全面二孩政策实施后，由于各地的具体情况存在很大差异，具体的奖励措施和配套公共服务发展大部分都交由地方自主决定，因而，目前，区域性、差异性的二孩配套公共服务发展趋势明显。石智雷判断，在人口调整周期较长的情况下，"一刀切"政策的简单化逻辑已然失效，需要更加强调政策的阶段差异性与灵活性。因此，各地区在二孩公共服务政策上的调整显得十分重要。

首先是产假延长政策的出台。新修订的《中华人民共和国人口与计划生育法》在"奖励与社会保障"章节中的第二十四条和第二十五条明确指出：国家建立、健全基本养老保险、基本医疗保险、生育保险和社会福利等社会保障制度，促进计划生育。符合法律、法规规定生育子女的夫妻，可以获得延长生育假的奖励或者其他福利待遇。在鼓励生育的导向下，当前，全国31个省份在修订计生条例时，都制定了适用于本地区的《人口与计划生育条例》，取消了晚育假，将产假的计算方式调整为"国家规定假期98天+生育奖励假"。如表3.1所示梳理了各省具体的产假大数。

表 3.1　我国各省市产假和陪产假天数表

省份	产假天数	陪产假
西藏	365 天	30 天
河南	190 天	30 天
海南	190 天	15 天
甘肃	180 天	30 天
黑龙江	180 天	15 天
广东	178 天	15 天
福建	158—180 天	15 天
吉林	158 天(可延长至 1 年)	15 天

省份	产假天数	陪产假
云南	158 天	30 天
内蒙古、宁夏	158 天	25 天
四川、湖南	158 天	20 天
贵州、山西、江西、辽宁、青海	158 天	15 天
安徽	158 天	10 天（异地 20 天）
山东	158 天	7 天
广西	148 天	25 天
河北	143 天	10 天
重庆	128 天（可休至子女一周岁）	15 天
湖北、浙江、江苏	128 天	15 天
上海	128 天	10 天
陕西	158—183 天	15 天（异地 20 天）
北京	128 天（可延长至 7 个月）	15 天
新疆	128 天	15 天
天津	128 天	7 天

其次是生育与医疗保险政策的改变。2017 年 2 月，全国 12 个地区试点生育保险和职工基本医疗保险合并实施。意在通过融合两项保险基金及管理资源，强化基金共济能力，提升管理综合效能，降低管理运行成本。两类险种合并实施不仅不会导致参保职工生育保险待遇降低，而且将随着基金共济能力的提高，更有利于保障参保人员的待遇。

再次是教育公共服务政策的完善。近年来，国家日益重视，不但将学前教育纳入公共服务范畴，同时也在顶层设计中提出了明确的要求，如《国家中长期教育改革和发展规划纲要（2010—2020 年）》（以下简称《教育规划纲要》）提出要明确政府职责，重视 0—3 岁婴幼儿教育，到 2020 年普及学前一年教育等要求和目标。《中共中央国务院关于实施全面两孩政策改革完善计划生育服务管理的决定》提出合理配置儿童照料、学前教育等资源,引导和鼓励社会力量举办普惠性托儿所和幼儿园等服务机构。党的十九大报告明确提出要"幼有所育"。国家卫计委、财政部、教育部、民政部等相关部门将联合制定国家婴幼儿(主要指0—3岁)发展规划,制定行业标准,制定推动和支持婴幼儿事业发展的政策措施。这些都形成了发展公共托幼服务的制度性方向。

最后是税收优惠政策的实施。我国也开展了有关奖励生育刺激人口增长的研究工作。2018年6月,《中华人民共和国个人所得税法修正案(草案)》提请十三届全国人大常委会第三次会议审议,8月29日提请第二次审议,并于31日表决通过,于2019年1月1日正式实施。新税法提出了增加子女教育支出、继续教育支出、大病医疗支出、住房贷款利息和住房租金、赡养老人等专项附加扣除,涉及教育、医疗及住房负担等与人民生活密切相关的事项。新税法正式实施后,将有利于切实减轻生育负担。

此外,在就业、税收以及医疗卫生方面政策上,各省在鼓励生育的具体实践中走在了前列。如辽宁、湖北咸宁等都提出了生育家庭税收、教育、社会保障、住房等包括了生育支持、幼儿养育等全面而具体的二孩配套政策。在全国一孩公共服务的发展中具有一定的示范作用。

二、全面二孩政策与公共服务配套政策失衡的表现

尽管中央及地方政府对二孩政策下的公共服务配套政策做了一些调整,但总的来说调整还没到位,二孩政策与公共服务配套政策仍处于系统失衡状态。具体表现在以下几个方面。

第一,公共托幼服务供给不足。公共托幼服务既承载了照顾、教育幼儿的功能,同时对解放女性、帮助女性更好地平衡工作和家庭、解除工作的后顾之忧、促进女性发展及社会经济发展也有着重要意义。如计划经

济时期,城镇双薪家庭的抚育压力就依托单位举办的托幼机构得以很大程度上化解,从而也使得更多的女性得以参与社会化大生产。之后,我国经历了市场经济改革,社会和市场力量参与办托幼却使得托幼机构日益萎缩、无法满足社会实际需求的历程。但总体而言,目前我国托幼服务特别是0—3岁的托幼工作仍处于起步阶段。在数量上,托幼服务无法满足家庭日益增长的刚性需要,特别是全面二孩政策放开后,对托幼服务的需求有可能会大量增加,供需不足的矛盾将更加突出。虽然目前早教市场上也出现了较多的私立机构,但其提供的服务偏离了托管的功能,许多服务项目都是需要父母陪同一起完成的,对减轻女性和家庭的照料负担意义不大,且价格昂贵,超出一般家庭的消费能力,因而,并不能起到解放女性和减轻家庭负担的功用。另外,目前公办幼儿园的承载力也不够,家长为孩子入园,提前排队争名额的现象还存在。入公办园难,直接抬高了入其他园的门槛。社会上流传"入园难,难于考公务员;入园贵,贵过大学收费"的说法,都是我国公共托幼服务不足的写照。在质量上,目前关于托幼机构的政府主管部门、准入门槛、管理模式以及幼儿师资的培养标准,在制度上还比较模糊,如民办幼儿园法人资格在民政部门审批,教育部门负责登记注册办学许可证及业务管理,批管分离。这样容易导致托幼服务质量良莠不齐且违背公益性,无法赢得广大家长的信任,最终育儿负担又被推向家庭,加重了女性和家庭的负担。这在一定程度上也抑制了女性和家庭的生育意愿。

第二,在社会保障方面不够完善。一是妇女的生育保险制度方面。当前我国的生育保险费率已由不超过1%下调到不超过0.5%。2017年又开始试点推行"生育保险与基本医疗保险合并实施"。在这种形势下,全面二孩政策实施有可能带来生育保险基金的增长,因而,女性生育保险待遇的落实,还需要制度上的保障。二是现有的产假政策还需要进一步调整。《中华人民共和国人口与计划生育法》规定:"符合法律、法规规定生育子女的夫妻,可以获得延长生育假的奖励或者其他福利待遇。"延长生育假一般指延长女职工的产假。但延长生育假,反而强化了女性的育儿责任。而这看似为女性赢得了更多育儿和生理上恢复的时间,实际强化了母亲是育儿责任主体的意识,把母亲更紧密地捆绑在奶瓶和摇篮的世界,淡化了父亲的育儿责任。其结果是不仅加重了女性双重角色负担,也加剧了女性在劳动力市场的不利境地。[①] 育儿假越长,妇女就越难重返劳动力市场,所以,育儿假本质上固化了传统的性别分工。而且,当下长期的女性产假和短期的男性陪产假安排,特别是现实中男性将陪产假转让给妻子的做法,也无不是在传递"应该由女性来照顾小孩,这是女性的工作"的传统观念。这代表当前的社会保障的设计还存在一些问题,导致对女性劳动权益和社会地位保障不足。

第三,促进女性平等就业的法律法规保障不足。全面二孩政策放开后,生育可能形成对女性就业的再次冲击。对于因生育引起的就业歧视,当前我国的法律法规具有一般的指导性意义,在具体执行的过程中,对就业歧视的法律认定、监管、执行主体等,要求不够明确,尤其对一些变相的、隐性的就业歧视,约束力不足,因而不利于二孩政策背景下女性平等就业权益的维护。如一些女性因生育会面临降职、调岗等不平等待遇,但我国《女职工劳动保护特别规定》《妇女权益保障法》里关于用人单位不得因怀孕、产假降职的规定较模糊,也没有明确女性休完产假后有回到原岗位,或者与原岗位收入相当的岗位的权利。女性就业权受到冲击,进而也会对女性生育二孩的意愿形成影响。

第四,缺少与生育政策配套的家庭支持政策。家庭政策是现代政府用于影响家庭的生育、看护、社会化、资源分配以及劳动力供给等社会功能发挥的一系列政策工具的总称。生育本是女性和家庭综合各方面考虑

---

① 林建军:《从性别和家庭视角看"单独两孩"政策对女性就业的影响》,《妇女研究论丛》2014 年第 4 期。

而做出的私人行为,但在我国特有的国情下,却早已从"私人领域"脱离,并作为一种准公共供给,上升到了关乎国家战略和社会发展的高度。但生育优先于国家调整人口数量与结构的导向和传统,却又使得国家缺少对家庭生育付出和成本分担的考虑。全面二孩政策的放开,意味着我国已经从严格限制生育转向一定程度的鼓励生育,从家庭的视角审视,政府却在理念和相关政策设计上缺少从家庭领域促进生育的支持和关切。首先,缺少家庭税收、住房优惠,以及贷款利息、租金优惠等此类能切实减轻愿意生育家庭生育负担的做法。家庭仍然是生育成本的最大负担者。除经济成本外,生育二孩还需要父母付出一定的机会成本,如休闲娱乐时间减少,占据工作时间、精力影响晋升及收入等。女性在这方面的付出尤为显著。当下也没有分担这些机会成本的家庭支持设计,如家务劳动的社会化,关于男性家务劳动和育儿责任的政策规定和要求等。因此,要在家庭支持政策领域给予充分的制度化关怀,保证夫妻双方在生育二孩后还能够毫无负担、不惧心理压力地自由生活和工作。

第五,对用人单位的激励及生育成本分担措施不够完善。用人单位对女性生育的立场也影响全面二孩政策的效应发挥。然而,国家规定的生育假期容易导致　部分成本由生育妇女所在的单位或企业承担,后者则可能会因此对生育期妇女付诸不利的行动。① 如女性的生育保险以及整个生育期间持续缴纳的社会保险,男性职工也拥有带薪陪产假,实际都是由用人单位埋单的。在二孩政策背景下,由此可能会导致用人单位成本的进一步增加,进而会对女性就业产生不利。《中共中央国务院关于实施全面两孩政策改革完善计划生育服务管理的决定》提出,依法保障女性就业、休假等合法权益,支持女性生育后重返工作岗位,鼓励用人单位制定有利于职工平衡工作与家庭关系的措施。但具体的鼓励和成本分

① 郭未:《独弦不成曲:"全面两孩"后时代生育政策中的"自我"与"他者"》,《西南民族大学学报(人文社科版)》2017 年第 6 期。

担措施，目前并没有明确的制度设计。

女性是实行生育政策的重要主体，只有她们的基本权利得到实现，才能保障生育政策的正向发展。

三、当前政策体系失衡的主要特征

（一）过度强调生育假期对生育行为的激励，产生了一定的负面效应

全面二孩政策实施以后，根据国家统计局公布的人口统计结果，在经历了 2016 年全国出生人口 1786 万人的人口出生峰值后，2017 年全年出生人口比 2016 年减少了 63 万人，2018 年上半年新生儿人数又同比下降了约 15%—20%。连最敢"生"的省份山东省，新生儿出生率也出现大幅下降。这不仅代表全面二孩政策所引发的人口生育峰值已过，同时也表明，2018 年的出生人口比 2017 年已有较大幅度的下降。在这种情况下，各地开始通过一定的措施激励生育二孩，以挽救不断下降的出生率。

目前，全国 31 个省份均通过延长产假的方式，奖励生育二孩。《中华人民共和国人口与计划生育法》第二十五条规定："符合法律、法规规定生育子女的夫妻，可以获得延长生育假的奖励或者其他福利待遇。"这意味着，无论是生育第一个孩子，还是第二个孩子，均可以获得延长生育假的奖励。但到底延长多久，计划生育法没有细化说明，而是交由各地结合具体情况，自行决定。这是中央因地制宜策略的一种体现，但也容易导致各地生育假天数差异性较大。如我国西藏自治区规定女性可享受 1 年的产假，而天津、江苏、浙江、上海等省市的产假天数则为 128 天；各地最长的陪产假天数为 30 天（西藏、河南、甘肃、云南等），最短的则为 7 天（山东、天津）。在产假和陪产假天数上的巨大差异，会在一定程度上形成新的社会不公平。这也是当前鼓励生育政策所产生的负面效应之一。

　　此外,延长产假和陪产假以及发放分娩补贴等奖励措施"催生"意味十足。这种单向度的政策价值定位不仅于刺激生育收效甚微,还会引发另外的负面效应。一方面在现有的社会保障分担模式下,必然会增加用人单位雇佣女员工的经济成本,也会影响到企业工作的连续性,引发企业对招录女性的反感。这种由全面二孩政策所引发的企业负担,也就形成了国家利益和企业利益的冲突。

　　另一方面,从女性就业的角度看,这些措施将会加剧劳动力市场上的性别歧视,反过来也促使女性推迟结婚和生育,甚至是不接受全面二孩政策。"性别歧视的存在可能使部分女性为了追求和男性同等的工作机会,保持工作竞争力,选择不结婚或不生育,忽视家庭。"①此外,现有的鼓励生育措施,更多地强调女性的责任和义务,产假时间越长,对女性而言反而是家庭禁锢的强化。对男性的责任,虽有涉及,但力度比较小。如当下普遍通过适度延长陪产假的时间来强调男性对生育义务的分担,但各省最长的陪产假时间是 30 天,相比漫长而艰辛的育儿付出,这种措施更多的只是一种表征作用,仍然无法从根本上减轻女性的生育压力。而对国家和社会责任的强调也比较弱,时下将生育的宣传口号上升到了"为国生娃""爱国"的高度,这固然是政府的一种姿态和政策引导,但由此引发的女性和家庭的压力,以及由此引发的逆反效果,又形成了国家利益和女性自身及家庭利益的冲突。

(二)公共服务发展单一,政策难以取得合力和实效

　　当前全面二孩政策的相关配套公共服务,主要着重于产假的调整以及小额度生育补贴的发放,但鼓励生育,并不是产假和补贴那么简单。两个关键问题需要解决,第一是育儿负担(经济负担)社会化;第二是促进

---

① 葛玉好、邓佳盟、张帅:《大学生就业存在性别歧视吗?——基于虚拟配对简历的方法》,《经济学(季刊)》2018 年第 4 期。

性别平等。这是保证女性平等就业,促进生育率提升的关键。这两个问题的解决,也是转变人们生育观念的重要举措。育儿负担的社会化而非家庭化,需要国家在教育、住房、医疗卫生以及税收等方面同步推进。保障女性的劳动权益需要在社会保障、就业,特别是法律法规以及家庭支持政策方面不断完善。同时,这两个层面的问题是相互联系、相互影响的,家庭负担的解决减少了女性在职场的后顾之忧,而保障女性在劳动力市场的稳定对家庭而言也是一种分担。这两个问题对应的相关公共服务的发展和健全,也是相辅相成、相互促进的。目前我国围绕这两个方面问题解决的公共服务发展都存在一定短板,政策发展单一,难以形成合力和实效。

一方面,当前在分担养育压力的公共服务方面发展力度不够。当下,养育一个孩子需要父母付出巨额的经济成本。据估算,一个孩子出生前的费用为1.95万元,第1年养育费用为0.55万元,第2年养育费用为1.65万元,第3年养育费用为0.95万元;再加上其他杂费,初步计算,一个孩子在3岁之前的花费大约在10万元以上。更有媒体称:在北京生二孩成本总计约38.6万至143万元。当前各省制定的生育补贴和奖励政策,虽然在鼓励生育方面形成了良好的舆论氛围且有一定的引导作用,也让公众看到了政府鼓励生育的实际行动,但面临至少几十万元的预期育儿成本,现有的补贴政策只是杯水车薪,还难以从根本上解决家庭生育的经济负担。最终,政策鼓励仍抵不过现实压力的挤压,许多家庭还是直呼"生不起、养不起"。一些学者认为,除了兴建托儿所、幼儿园,提供各种生育福利之外,最根本、最重要的政策,是直接的减免税收、普惠性医疗资源的广度覆盖和住房困境的化解。但这些领域的公共服务,只有部分地方政府开始有所关注和行动,如辽宁、湖北咸宁等,但这些政策的具体落实成效还未可知。另外,国家层面对这些领域的公共服务发展力度不够,仅靠地方政府行为还难以形成公共服务发展的规模化效应。

另一方面,促进女性平等就业的政策仍是当前二孩配套公共服务政策需要努力的方向。全面二孩政策加剧了女性的就业歧视,但关于女性就业保护的政策支持却被忽视。首先,前文已有所提及,现有一些公共服务政策容易加剧女性就业歧视的负效应,这种为刺激生育而牺牲女性权益的做法注定是无效的;其次,促进女性平等就业的法律法规以及其他就业支持政策没有同步跟进,加上现有的相关法律法规还不健全,使得对女性的隐性歧视还存在,导致女性就业歧视不能很好地解决。有研究发现,如果只是单方面提供女性在家照料孩子的机会,生育水平并没有明显的提高,而鼓励女性就业、促进性别平等反而能有效地鼓励生育。另外,一些研究也提出,"当前,妇女劳动参与率的不断提高使得越来越多的女性开始摆脱传统性别角色的限制,追求自身价值的实现。在这一过程中,女性对市场风险的规避使得稳定就业成为建立家庭和生育子女的前提,从而将'就业—生育'关系逆转为正相关,使得妇女劳动参与率持续提高,最终引致生育率的反弹"[①]。这就启示我们的政府可以而且应该通过促进女性就业来提高生育率。正如全球老龄化学会(Global Aging Institute)执行长理查·杰克森所提出,一个社会若没有办法提供妇女得以兼顾工作与家庭的环境,则势必会降低她们的生育意愿。

总之,对于鼓励生育,国家应该在教育、住房、医疗卫生等方面建立相对完善的社会保障的基础上,重点着眼于生育政策向个人和家庭决策的回归,尊重个人的生育权益,给个人和家庭创造更好的生育环境,充分发展生育。

---

① 蒙克:《"就业—生育"关系转变和双薪型家庭政策的兴起——从发达国家经验看我国"二孩"时代家庭政策》,《社会学研究》2017 年第 5 期。

第三节　政策系统失衡对女性平等就业的影响

全面二孩政策的内部失衡和外部失衡，叠加出了对女性就业权益的损害和保障不足。在内部而言，女性和家庭没有与政府的互动和诉求表达机制，处于弱势地位；在外部而言，由于以托幼为代表的公共服务、社会保障制度、法律法规以及家庭支持政策和企业相应激励与成本分担机制的不健全，外部政策之间也无法形成支持与互动。无论是公共服务，还是社会保障、家庭以及企业方面的政策，它们的存在和支持会形成对女性部分抚育职能的替代和分担，反之，若这种均衡难以实现，则女性就成为生育产生的负向作用最集中的受影响者。因而，受内部作用机制和外部政策支持双重影响，女性或女性权益成为全面二孩政策内、外链条中最薄弱的一环，尤其是女性就业权益，成为全面二孩政策失衡最突出的表现。这些又对女性就业产生了一系列负面影响。

一、退出劳动力市场的风险增加

女性的弱势地位加上我国托幼公共服务的不足及家庭支持政策的不完善，导致女性生育二孩的照料负担完全家庭化。生育一孩时，婴幼儿的照料还可以寻求祖父母的帮助，但二孩时期，一般祖父母的身体状况已不再允许承担辛苦的育儿任务，而且当下，家政市场发展不规范，保姆虐童等事件的发生让家庭难以对当下的家政服务产生信任和选择，最后家庭只好又将大部分抚育责任推在女性肩头。现代社会，夹杂着对女性"主内"、照顾家庭的传统观念以及女性也要有一定职业或事业的现代理念，女性既有照顾家庭的责任，又有被赋予一定的职业期许。但生育涉及孕期、产期、哺乳期以及孩子 3 岁入园以前的日常照料,这是一个漫长的周期和复杂的过程。现有配套政策的不完善导致这种生育责任难以从女性主体自身分离,结果只能是职业母亲被迫延长产假,或者中断职业生涯,甚至完全退出劳动力市场,女性人力资源遭到流失。从照料经济成本上说,市场化的学前托幼和教育价格昂贵,加重了家庭的经济抚养负担,且处于二孩生育期的职场女性,一般也正处于工作上升期或事业稳定期,出于家庭经济压力分担以及减少生育机会成本的角度,很多女性选择兼顾家庭和工作。但生育打断了女性职场发展节奏,且家庭的牵绊必然消耗女性大量的时间和精力,也会使女性对工作的投入大打折扣,进而导致女性自身的人力资本投入持续降低,市场竞争力不断下降,而女性自身也会陷入工作和家庭的艰难平衡,身心疲惫。

二、求职、晋升阻力加大,薪酬福利减少

由于没有社会化的生育成本分担机制,使得企业也承受了一部分女性生育的时间成本和经济成本,而企业是利益导向的市场主体,必然对这些成本产生厌恶。目前的配套政策中,政府对企业招收女性员工的奖励和弥补不足,企业招录女性员工动力不足,会对女性平等就业造成不利。如企业会选择通过减少招录女性员工,或对女性员工调岗、降薪、辞退,甚至采取一些所谓的"内部规定",要求女性在就业的某段时期内不能生育等方式,规避附着于女性自身的孕产假、哺乳假等成本。这也是女性就业不平等或就业歧视的根源。前程无忧的一项调查显示,75%的受访者认为因为二孩政策,公司对招聘女性员工的顾虑增加。

第三期中国妇女社会地位调查数据显示,在就业方面遭遇过性别歧视的女性占 10.0%,男性仅为 4.5%;在有求职经历的女大学生中,24.7%曾经遭遇过不平等对待。即便是女性高层人才,也有 19.8%认为性别给

自己的职业发展带来阻碍。全面二孩政策的放开,企业可能要面临二次分担女性生育成本的境况,更加不愿意招录女性。对于已经生育一胎的女性,本来已婚已育又有工作经验的职场女性是企业招聘中的"强势群体",而今因为存在再生育的可能性,她们也陷入劣势,生育后重返劳动力市场同样遭遇性别歧视。① 智联招聘也曾做过一个调查,结果显示,有三成被访女性称,在生育之后她们的薪资下降,女性整体收入低于男性22%。由此也可以看出,生育影响了女性的整个职业链条,进而影响女性的职业生涯。

此外,由于当前对女性就业权益的法律法规保障还存在一定的不足,政府和市场对存在就业歧视行为的企业,无法给予有力的监管和处罚,使得女性遭遇就业歧视时,只能被动接受,权益不能得到有效维护,这也导致了女性在劳动力市场的性别不平等。

三、非正规就业可能性进一步变大

当下,社会、家庭、女性自身都逐渐将事业发展融入对女性的角色期望;优生优育也成为现代社会的育儿理念,每个家庭都想尽力给新生子女最好的抚养环境和教育资源。但是在当前发展不完善的市场环境下,女性永远是生育和生育负担最直接的承担者。越来越职业化却依然要承担主要家庭照料和家务劳动的女性,成为个人发展、家庭负担和生育责任之间冲突最为集中的群体。在这种困难局面下,在非正规部门就业也就成为越来越多女性的理性选择。女性更多或更易在非正规部门就业,缘于

---

① 叶文振:《"单独二胎"生育政策的女性学思考》,《中共福建省委党校学报》2014年第12期。

女性需要多种角色的平衡,女性更容易形成工作—家庭冲突。① 此外,女性生理特征决定劳动力供给的特殊性,导致女性容易被从正规就业部门排挤出去。目前相关部门对劳动力市场存在的性别歧视问题的监管和制约的有效性不足,女性进入正规部门的门槛会被人为地提高,有些女性为了分担家庭经济压力,只好进入非正规就业部门。而且女性从正规就业部门退出后,也很难再向正规就业部门转换。这种状况如不加以改变的话,那么一个必然的结果就是劳动力市场的严重分割,正规就业的一级市场(Primary Market)和非正规就业的二级市场(Secondary Market)的对立和相对封闭运行,将取代我国传统的劳动力市场城乡二元分割体制,成为我国劳动力市场的新特征。②

---

① 刘三明、马红宇、康素杰:《国外工作—家庭冲突性别差异研究综述》,《妇女研究论丛》2013年第5期。

② 丁煜、石红梅:《女性就业的非正规化趋势:何以形成与如何应对》,《中华女子学院学报》2015年第4期。

第四章 政策效果均衡：全面二孩政策下女性平等就业状况——以重庆市为例

在第三章分析全面二孩政策和横向相关公共服务政策的均衡状态，以及两类政策均衡状态对女性平等就业产生影响的机理和具体体现的基础上，本章转入"点"上分析，即通过在重庆市的调研，进一步分析全面二孩政策下女性就业现状及对女性平等就业产生的具体影响，并集中讨论公共政策效果均衡。政策效果均衡考察的是政策的影响度和各项政策影响度的差异。如果政策系统没有实现本该具有的整合效应，那么政策效果必然就是不均衡的。

分析全面二孩政策对女性平等就业的政策效果，主要分析全面二孩政策实施以后，女性平等就业状况的变化，选取指标主要有女性城镇就业人数、行业分布、职业结构以及失业状况。均衡程度的衡量主要通过实地调查的方式，通过分析人们对二孩政策下女性平等就业各个维度上主观感受的差异变化来说明。

第一节 重庆市女性就业的基本情况

由于本研究是以重庆市为调查样本的，因而还有必要对重庆市女性的就业情况作对应梳理和了解。

首先,在就业机会方面。如表4.1所示,2016年重庆市女性城镇单位就业人员总数为139.4万人,占重庆市城镇单位就业总数的33.8%,这一比例低于全国平均水平。2017年女性城镇单位就业总数略微下降到139.2万人,但整体而言,从2013年以来,重庆市城镇女性就业人员在重庆市城镇就业人员总数中的占比都处于明显上升的趋势。

表4.1　重庆市女性在城镇单位就业比例变动趋势（2010—2017年）

年份	2010	2013	2014	2015	2016	2017
重庆市女性城镇单位就业人数（人）	894254	1262113	1350886	1373359	1394000	1392000
重庆市女性城镇单位就业人数占比（%）	33.6	31.4	32.6	33.0	33.80	—

此外,重庆市所开展的一些社会调查为了解当前女性就业机会提供了一定程度的参考。大渝网开展的一项调查显示,超七成受访求职者认为全面二孩政策的放开,会增加女性就业难度,63.6%的男性认为在某种程度上会增加女性的就业难度,而女性则有77.8%表示认同。《重庆商报》的一项调查中显示,四成受访女性在求职中被问及是否考虑生二孩,而近五成用人单位表示在招聘员工时,会考虑女性生二孩带来的用工成本增加。

其次,在职业地位上。从2016年重庆市女性在各个行业就业中的占比来看(如表4.2所示),女性分布比例最小的行业分别是建筑和采矿;分布比例最多的行业分别是卫生、社会保障和社会福利,住宿和餐饮,批发和零售,教育,居民服务和其他服务。根据重庆市统计局发布的数据,2017年重庆市年平均工资最高的行业是金融,信息传输、软件和信息技术服务,科学研究和技术服务,年平均工资最低的三个行业分别是住宿和餐饮,居民服务和其他服务以及租赁和商务服务。因而,重庆市女性占比较高的行业一般都是收入较低的行业,且在这些行业就业的女性又呈逐年上升趋势。这些行业平均收入比较低,需要的知识和技能水平也比较低,工作环境也比较差。女性集中分布在这些领域,在一定程度上表明重庆市女性就业存在明显的横向隔离,即被隔离在收入较低、待遇差的行业。

表 4.2　2016 年重庆市分行业城镇单位女性就业人员比重表

序号	行业	2016 年女性占比（%）
1	卫生、社会保障和社会福利	0.64
2	住宿和餐饮	0.61
3	批发和零售	0.55
4	教育	0.53
5	居民服务和其他服务	0.53
6	金融	0.48
7	水利、环境和公共设施管理	0.47
8	房地产	0.42
9	文化、体育和娱乐	0.40
10	制造	0.37
11	信息传输、计算机服务和软件	0.36
12	电力、燃气及水的生产和供应	0.33
13	科学研究、技术服务和地质勘查	0.31
14	农、林、牧、渔	0.30
15	公共管理和社会组织	0.30
16	租赁和商务服务	0.26
17	交通运输、仓储、邮政	0.26
18	建筑	0.12
19	采矿	0.11

最后,在职业发展上。从职业结构方面分析,由重庆市发布的数据看(见表4.3),重庆市 2017 年公有经济企事业单位各类专业技术人员、中高级专业技术人员、高级专业技术人员中,女性占比分别为 51.92%、45.81%、36.39%,女性专业技术人才虽然比重持续提高,但女性主要集中在初级专业技术人员上,在中高级特别是高级技术人员中比例还较低,远低于男性。

表 4.3　重庆市 2014—2017 年女性专业技术人员人数

职业分类　　　　　年份	2014 年	2015 年	2016 年	2017 年
各类专业技术人员(万人)	47.90	47.97	48.33	48.65
女性(万人)	23.18	23.88	24.61	25.26
女性占比(%)	48.39	49.78	50.92	51.92
中高级专业技术人员(万人)	23.07	23.40	24.30	25.32
女性(万人)	9.87	10.22	10.94	11.60
女性占比(%)	42.78	43.68	45.02	45.81
高级专业技术人员(万人)	5.39	5.51	6.10	6.76
女性(万人)	1.77	1.86	2.16	2.46
女性占比(%)	32.84	33.76	35.41	36.39

注:数据由重庆市妇女联合会和重庆市人社局提供。

从女性的失业情况来看。2017 年城镇登记失业人员为 14.26 万人,其中女性 7.07 万人,占比 49%。根据重庆市历年登记失业人口数的统计,如图 4.1 所示,2000—2016 年间,重庆市女性失业人口数与总失业人口数变化趋势一致,都呈现出先上升后下降又缓慢上升的发展状态。但女性失业人口在总失业人口中所占的比例一直都较高,大部分年份都高于 50%,且这一比例,历年发展都比较平稳,变化不大。这表明女性一直构成了失业人员的大多数,更容易被排除在劳动力市场之外,而且这种状态随着时间改观的程度不大,表征女性就业困境的常态化。

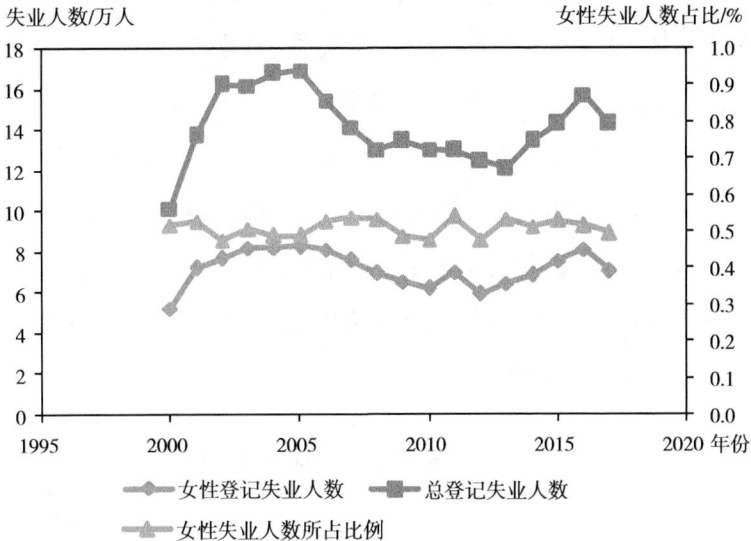

图 4.1　重庆市历年女性登记失业人数在总失业人数中的占比变化趋势

数据来源：2001—2017 年《中国劳动统计年鉴》。

第二节　全面二孩政策下女性平等 就业状况的调查分析

一、调查研究的基本情况

（一）调查范围和样本

调查研究结合研究需要并经反复论证，最终编制三份问卷，从重庆市在业人员（含一般职员和管理者）和应届毕业女大学生这两大代表性主体进行测度。调研覆盖重庆市 26 个区、12 个县，共计发放问卷 5000 份，回收有效问卷 4098 份,有效回收率为 82.0%(见表 4.4、表 4.5)。调查对象中在职群体 3077 人(主要包括政府机关、事业单位、国有企业、民营企业等单位的普通员工 1822 人和管理人员 1255 人)、高校应届毕业女大学生 1021 人。测量尺度采用 Likert 五点法,从 1 分到 5 分分别代表完全不符合和完全符合,表明回答者对于所述现状的赞同程度。同时,为增加研究的深度,在重庆市妇联的协助下,专门组织了 1 场妇联干部座谈会和 2 场企业管理人员座谈会,听取和了解妇联代表以及企业代表对二孩背景下重庆市女性平等就业状况的介绍和意见。

表 4.4　应届女大学生群体样本结构

统计学变量		应届毕业女大学生	
		频数	百分比
样本数		1021	27.3%
年龄	25 岁及以下	1001	98.0%
	26—30 岁	20	2.0%
	31 岁及以上	—	—
文化程度	高中(中专)及以下	—	—
	大专	56	5.5%
	本科	914	89.5%
	硕士研究生及以上	51	5.0%

表 4.5　在职群体样本结构

统计学变量		普通员工		管理人员		整体	
		频数	百分比	频数	百分比	频数	百分比
样本数		1822	59.2%	1255	40.8%	3077	100.0%
性别	男性	364	20.0%	461	36.7%	825	26.8%
	女性	1458	80.0%	794	63.3%	2252	73.2%

统计学变量		普通员工		管理人员		整体	
		频数	百分比	频数	百分比	频数	百分比
年龄	25 岁及以下	374	20.5%	105	8.4%	479	15.6%
	26—30 岁	617	33.9%	291	23.2%	908	29.5%
	31—35 岁	386	21.2%	383	30.5%	769	25.0%
	36—40 岁	207	11.4%	182	14.5%	389	12.6%
	41—45 岁	100	5.5%	161	12.8%	261	8.5%
	46 岁及以上	138	7.6%	133	10.6%	271	8.8%
文化程度	高中(中专)及以下	212	11.6%	55	4.4%	267	8.7%
	大专	522	28.6%	253	20.2%	775	25.2%
	本科	829	45.5%	713	56.8%	1542	50.1%
	硕士研究生及以上	259	14.2%	234	18.6%	493	16.0%
生育状况	无	760	41.7%	317	25.2%	1077	35.0%
	一个孩子	863	47.4%	777	61.9%	1640	53.3%
	两个孩子	195	10.7%	154	12.3%	349	11.3%
	三个孩子及以上	4	0.2%	7	0.6%	11	0.4%
工作单位性质	党政机关	159	8.7%	336	26.8%	495	16.1%
	事业单位	742	40.7%	318	25.3%	1060	34.4%
	国有企业	368	20.2%	220	17.6%	588	19.1%
	民营企业	332	18.2%	285	22.7%	617	20.1%
	外资企业	46	2.5%	26	2.1%	72	2.3%
	合资企业	25	1.4%	13	1.0%	38	1.2%
	其他	150	8.2%	57	4.5%	207	6.7%
管理层级	单位领导	—	—	217	17.3%	217	17.3%
	中层干部	—	—	461	36.7%	461	36.7%
	基层主管	—	—	328	26.2%	328	26.2%
	一般管理人员	—	—	249	19.8%	249	19.8%

续表

统计学变量		普通员工		管理人员		整体	
		频数	百分比	频数	百分比	频数	百分比
地区	市区	1247	68.4%	837	66.7%	2084	67.7%
	周边区县	575	31.6%	418	33.3%	993	32.3%

(二)基本框架

全面二孩政策放开后,女性在劳动力市场上开始经历了一些新现象。最典型的就是在招录员工时询问女性的婚育状况等做法,有的企业存在着一些成文或不成文的规定,如压缩女性员工的劳动合同时间,强制女性的生育间隔(限定已育有一孩的女性在规定的时间段内不能生二孩),或者要求女职工签署不生二孩的承诺书。女性作为生育主体,受政策影响预期生育行为的增加将在哪些方面具体改变女性就业平等状况,这是需要认真调查的。鉴于此,本研究以重庆市为调查范围,结合问卷调查和座谈,获得第一手调研数据,从女性平等就业现状的群体认知差异、不同就业环节差异、不同单位性质差异以及程度和形式的差异四个层面分析二孩背景下女性就业现状,并从政策效果均衡的角度分析政策的影响因素,形成全面二孩政策对女性平等就业的实际政策效果分析(见图4.2)。

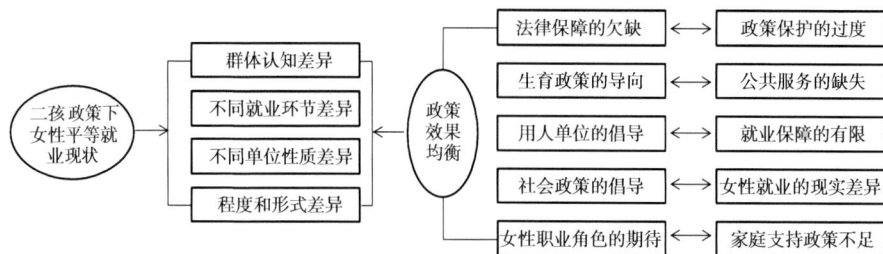

图4.2 调查分析框架图

二、样本的数据分析

(一)全面二孩政策对女性平等就业的政策效果均衡分析

1.女性平等就业现状的群体认知分析

女性平等就业现状的认知是社会公众对全面二孩政策下女性整体就业过程中对不平等程度或者遭遇就业歧视状况的感知与评价。全面二孩政策实施之后,重庆市女性就业情况是否受到政策影响,不平等问题是否更加突出,是我们关心的首要问题。统计数据显示,有54.9%的在职普通员工对"全面二孩政策下女性就业不平等问题更加突出"观点持支持态度,其中,又以女性员工(60.1%)尤为突出(见表4.6、表4.7),更进一步分析,已育一孩、二孩和未生育者,均有接近60%支持此观点。56.5%的应届毕业女大学生同意"全面二孩政策实施后女性就业不平等问题更加突出"。

表4.6　二孩政策下女性就业不平等问题认知的群体对比

调研群体	非常同意	比较同意	一般	较不同意	很不同意
应届毕业女大学生	19.4%	37.1%	31.8%	10.1%	1.6%
普通员工	19.2%	35.7%	31.1%	9.6%	4.5%
管理人员	7.2%	23.8%	21.4%	30.2%	17.4%

表4.7　分性别与生育状况对比全面二孩政策下在职群体女性的就业不平等认知

群体	变量类别	非常同意	比较同意	一般	较不同意	很不同意
普通员工	男性	10.20%	23.30%	37.10%	18.00%	11.40%
	女性	21.40%	38.70%	29.60%	7.50%	2.80%
	无孩	25.10%	35.60%	30.70%	5.40%	3.10%
	一孩	19.80%	40.30%	29.20%	8.50%	2.30%
	二孩	13.30%	44.80%	26.60%	11.90%	3.50%

续表

群体	变量类别	非常同意	比较同意	一般	较不同意	很不同意
管理人员	男性	8.70%	27.20%	22.60%	28.00%	13.50%
	女性	6.30%	21.90%	20.80%	31.40%	19.60%
	无孩	5.60%	25.60%	25.60%	25.60%	17.70%
	一孩	5.60%	20.50%	19.60%	34.40%	19.80%
	二孩	11.00%	20.90%	16.50%	30.80%	20.90%

注:调查总样本中,在职女性普通员工:未育女性 611 人,已育一孩女性 701 人,已育二孩女性 145 人;在职女性管理人员:未育女性 215 人,已育一孩女性 483 人,已育二孩女性 91 人。调查的在职女性样本中生育三个孩子及以上的数量很少,因此不纳入分析。以下涉及在职女性生育情况的分析,样本数与此一致。

　　进一步从管理人员的性别角度来看,女性管理人员反而对全面二孩政策下女性就业不平等问题更加突出的认可度低于男性。调查表明,意识到女性就业不平等问题更突出的女性管理者比例为28.2%,相对男性更低(见表4.8)。这一现象一方面可以从"职场蜂王综合征"①找到答案,即女性管理者更容易为难女性下属,可能导致女性管理人员更难客观对待女性就业不平等问题。此外,这也可能跟女性所处的管理者立场有关。在访谈中,某企业从事人力资源管理工作 20 年的女性人力资源管理者特别强调:"全面二孩政策出台后,出于各方面考虑,就算我是女性我也不愿意要女性。"总之,管理层对全面二孩政策背景下女性就业不平等问题普遍关注和认识不足,尤其是一般管理者和女性管理人员更为突出。主客观因素的共同影响,使得解决全面二孩政策下女性就业不平等问题遭遇不同的问题。

---

　　① 职场蜂王综合征,指在男性占主导地位的环境中,成功的女性有时可能会反对其他女性升职的现象。

表4.8　不同性别管理人员对全面二孩政策下女性就业不平等问题的感知差异

性别	非常同意	比较同意	一般	较不同意	很不同意
男性	8.7%	27.2%	22.6%	28.0%	13.5%
女性	6.3%	21.9%	20.8%	31.4%	19.6%

　　上述调查说明：第一，社会公众对全面二孩政策下女性就业不平等的看法不一，这容易导致对女性不平等就业问题的关注无法形成合力，且产生社会认知假象，即女性就业整体状况并不悲观；第二，不同社会群体的认知存在显著性差异，其中管理者和女大学生以及一般员工的认知差异都很大，这暴露出社会群体性偏见，也是就业歧视的一种反映。根据"结构决定论"的观点，人们对社会不公平的认知和自身所处的社会经济地位成反比。也正如利己主义理论的阐述："人们的立场和观点取决于他们的自我利益，那些占据优势地位的社会群体出于对其既得利益受损的担心会倾向于维护现有的分配状况（Lipset and Bendix，1991），相反，弱势社会群体则希望通过平等化或再分配政策来获得更多的社会资源（Kluegel and Smith，1987）。"与管理者身居挑选劳动者的主动优势地位相比，女大学生正处于或即将寻找工作岗位的劳动力市场边沿，因而渴望更加平等的获得工作的机会。管理者和一般职员认知的两极化则可能缘于二者分属劳动力市场利益对立面，前者代表用人单位的利益，而后者代表员工自己的利益。男女管理者不同的感知态度，则有可能与其所处的管理岗位立场相关，同时带有一定性别属性呈现的职业特征。

　　2. 女性平等就业现状的就业环节分析

　　就业是一个涉及求职、入职、在职的完整链条，因而，本次调研从入职机会、晋升机会和留任机会三个方面来揭示女性遭遇歧视的具体环节。而且由于只有在职群体对整个就业环节体验最完整、感受最直接，因而，在就业环节方面，集中分析在职群体的观点对全面反映女性就业的不平等状况更有现实意义。如表4.9所示,在就业各环节中,在职群体均认为女性在入职环节(2.24)上遭遇的不平等最突出,即入职是女性遭遇歧视最明显的一环。

表4.9　在职群体对不同就业环节女性不平等就业状况的认知

条目	在职群体				检验结果	
	整体	均值排序	普通员工	管理人员	t	p
(1)用人单位在招聘新员工时,更加倾向男性求职者	3.28±1.28	3	3.64±1.13	2.74±1.30	20.46	0.00
(2)未婚未育女性找工作比以前更困难	3.19±1.16	7	3.40±1.12	2.88±1.15	12.42	0.00
(3)用人单位在招录新员工时,女性面临更加苛刻的条件	3.21±1.15	5	3.47±1.09	2.83±1.14	15.82	0.00
(4)政府机关和事业单位招聘新员工比私人企业明显更平等	3.27±1.18	4	3.50±1.06	2.93±1.26	13.50	0.00
(5)单位和女性求职者签订合同将更加谨慎	3.31±1.10	2	3.61±0.98	2.87±1.13	19.26	0.00
入职环节	3.24±0.95		3.52±0.84	2.84±0.97	20.74	0.00
(6)女性员工在单位的职位晋升将更加困难	3.20±1.14	6	3.48±1.09	2.79±1.10	17.09	0.00
(7)女性更不容易成为单位的后备干部	3.14±1.14	9	3.34±1.11	2.86±1.13	11.72	0.00
(8)单位更不愿意花时间和精力培养女性员工	3.08±1.13	10	3.18±1.10	2.92±1.14	6.32	0.00
晋升环节	3.14±1.04		3.33±1.01	2.85±1.02	12.83	0.00
(9)对于希望生育二孩的女性员工离职,单位一般更不愿意挽留	3.17±1.15	8	3.42±1.09	2.80±1.13	15.07	0.00
(10)单位裁员时,不管女性是否想生二孩,都更可能先裁掉女性	3.08±1.13	10	3.15±1.14	2.98±1.11	4.06	0.00
(11)单位更倾向于留任不再生育、工作稳定性更强的女性员工	3.32±1.24	1	3.67±1.09	2.81±1.26	20.32	0.00
(12)休完产假回单位的女性员工一般会被调岗	3.08±1.11	10	3.17±1.10	2.94±1.12	5.60	0.00

续表

条目	在职群体				检验结果	
	整体	均值排序	普通员工	管理人员	t	p
留任环节	3.16±0.96		3.35±0.93	2.88±0.92	13.75	0.00

注:均值为 Likert 五点法,最高5分(非常同意),最低1分(很不同意),得分越高表示同意程度越高,涉及均值的数据含义均与此相同。

　　同时,通过访谈也发现,用人单位对女性的限制主要体现在招录环节中。有企业管理干部表示:"只是进去比较困难,但是你签合同了,一般情况下,企业不敢随意辞退,所以招工的时候,企业对女性更苛刻一点。"可见,入职是女性就业平等遭遇的第一道门槛。而全面二孩政策的实施,又无形中抬高了用人单位对女性的录用门槛。有管理干部直言:"在招聘新员工时,默认不要未婚女性,优秀的已育二孩女性可以考虑","再优秀的女性未婚未育员工,我们都不考虑,现在我们公司这几个月,每个月都有孕妇请假,工作就会断掉"。

　　此外,通过对不同性别的在职人员在入职、晋升、留任三个环节上的差异进行单因素方差分析,发现男女差异显著($p<0.05$),且女性在入职、晋升、留任三种机会上的得分都显著高于男性(见表4.10),表明女性感知的就业机会不平等程度显著高于男性。广大女性作为受全面二孩政策影响的核心群体,感受到的就业不平等性变化和程度比其他群体更直接、更深刻,这一点符合客观现实。

　　另外,不同生育状况的在职女性对不同环节女性就业不平等程度的感知也存在显著差异。没有生育的女性较已生育有一孩和二孩的女性在三个就业环节上感受到的不平等程度明显较高。已生育二孩的女性感受到的不平等程度最低。表明生育状况对女性就业平等度确实产生了直接影响。暗合了劳动力市场中女性未育群体的弱势地位和对已婚已育有二孩女性的青睐。但无论生育几个孩子,女性在职人员均认为在入职环节遭遇的不平等程度最高。

表4.10 分性别和生育状况的在职群体对不同就业环节女性
不平等就业现状的感知差异

就业机会类别	在职群体		检验结果		生育情况			检验结果	
	男性	女性	T	P	无孩	一孩	二孩	F	p
整体机会 ($M\pm SD$)	3.01±0.81	3.25±0.89	−7.02	0	3.37±0.85	3.19±0.89	3.12±0.90	9.95	0
入职机会 ($M\pm SD$)	3.08±0.91	3.30±0.96	−5.84	0	3.44±0.91	3.23±0.99	3.14±0.96	11.43	0
晋升机会 ($M\pm SD$)	2.92±1.00	3.22±1.05	−7.09	0	3.35±0.98	3.14±1.07	3.10±1.11	8.89	0
留任机会 ($M\pm SD$)	2.99±0.91	3.22±0.97	−6.11	0	3.30±0.93	3.18±0.98	3.13±0.99	4.36	0

上述调查表明全面二孩政策实施后女性就业各个环节呈现出三大特点:一是性别不公平感贯穿于女性就业的各个环节,入职环节成为女性就业环节中最具不公平感的部分。二是女性在入职环节遭遇的不平等直接决定了女性的职场弱势地位。因为过高的职业准入门槛使女性一开始就失去了与男性同等的职业发展机会(张韵,2016)。二是生育状况显著影响就业不公平感的强弱。

3. 女性平等就业现状的不同单位性质分析

不同性质的用人单位由于其价值取向和追求目标的不同,会导致用人理念和雇佣行为存在很大差异,进而对女性就业问题也会呈现出不同的态度和表现。

如表4.11所示,在职人员认为"二孩背景下女性就业不平等问题更加突出",由高到低的单位类型分别为:民营企业(78.7%)>外资企业(52.3%)>合资企业(47.7%)>国有企业(26.6%)>事业单位(21.7%)>党政机关(13.9%)。这意味着,调查对象普遍认为民营企业、外资企业、合资企业等私有化性质比较明显的用人单位较党政机关、事业单位、国有企业等公共性色彩较强的用人部门存在的女性就业不平等问题更为突出。

表4.11　不同性质单位的女性不平等就业现状（在职人员）

群体		党政机关	事业单位	国有企业	民营企业	外资企业	合资企业	其他
在职群体	整体	13.9%	21.7%	26.6%	78.7%	52.3%	47.7%	6.0%
	普通员工	15.6%	24.1%	28.8%	75.7%	50.8%	45.8%	6.5%
	管理人员	11.5%	18.2%	23.5%	83.1%	54.6%	50.4%	5.2%

由表4.12也可以看出，认为党政机关、事业单位和国有企业没有出现过所列举的就业不平等现象的比例明显高于民营企业等私有制单位。在关注女性生育情况和其他歧视行为方面，私有制类用人单位明显高于公有制类用人单位，但两类性质的用人单位在招聘中都存在更希望招男性的现象。

表4.12　全面二孩政策出台后不同性质单位所出现的就业不平等现象（在职人员）

工作单位性质	招聘中更希望招男性	面试过程中更加关注女性的生育情况	对女性的录用标准更加严格	年轻女性的晋升更困难	基本不挽留离职女性	都没有出现过以上情况	其他
党政机关	42.8%	21.5%	15.5%	21.3%	10.3%	46.3%	2.5%
事业单位	35.1%	37.4%	24.2%	26.1%	16.5%	34.3%	3.3%
国有企业	39.4%	37.9%	30.8%	27.0%	21.3%	30.3%	3.6%
民营企业	40.1%	60.9%	32.9%	26.7%	28.3%	20.4%	2.6%
外资企业	45.8%	66.7%	34.7%	33.3%	30.6%	22.2%	5.6%
合资企业	57.9%	47.4%	34.2%	23.7%	26.3%	26.3%	0.0%
其他	34.0%	37.0%	29.0%	27.0%	24.5%	38.0%	9.0%

从重庆市2013—2016年公务员考试录取男女比例趋势可以看出，政

府机关单位在用人选择上,也表现出一定的男性偏好。如图4.3所示,虽然重庆市招录的男性员工和女性员工都表现出先增加到降低的发展趋势,但连续四年招录的男性人数都明显高于女性人数。虽然二者之间的差距在逐年缩小,已由2013年的2.9%缩小到2016年的1.3%,但男女录用比例的差异并未完全消除。

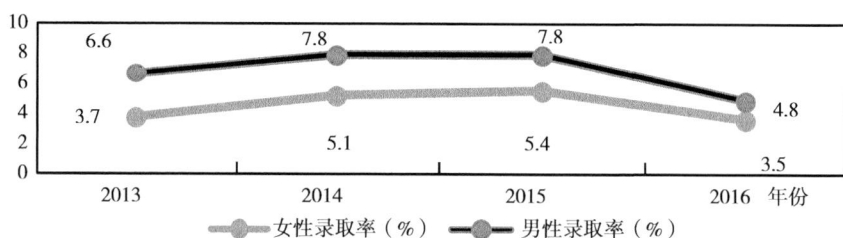

图4.3　2013—2016年重庆市公务员考试男性与女性录取率变化情况

注:①男性录取率指男性录取人数/男性报名人数,可以说明男性报考者被成功录取的比例;②女性录取率指女性录取人数/女性报名人数,可以说明女性报考者被成功录取的比例。

由以上分析可知,第一,就业歧视行为在各个类型的用人单位之间都有所存在;第二,私有制类用人单位较公有制类用人单位表现出更加明显的女性就业歧视行为。这主要是因为,市场经济体制下,私有制类用人单位对成本更敏感,而全面二孩政策背景下,企业面临为女性生育行为二次成本付出的风险和负担,因而,在招录和使用员工的过程中,对性别表现出明显的倾向性,导致员工对这一问题感知较深。党政机关、事业单位等公有性质的用人单位,财政收支受市场影响较弱,因而在选人用人上,对成本的考虑相对较少,进而保证了人才遴选的公平性。

4.女性平等就业状况的形式和结果分析

歧视形式是女性劳动者在择业或就业过程中遭遇的不平等对待的表现形式。通过对在业人员的调查,反映比较突出的女性就业歧视的表现形式分别为"面试过程中更加关注女性的生育情况(40.5%)""招聘中更希望招男性(38.6%)""对女性的录用标准更加严格(26.5%)"(见表

— 110 —

4.13),其次为"年轻女性晋升更困难(25.8%)""基本不挽留离职女性员工(19.8%)"等。

表 4.13 全面二孩政策下女性就业不平等的具体表现(在业人员)

就业不平等表现	占比
面试过程中更加关注女性的生育情况	40.5%
招聘中更希望招男性	38.6%
对女性的录用标准更加严格	26.5%
年轻女性晋升更困难	25.8%
基本不挽留离职女性员工	19.8%
其他	3.5%

在毕业女大学生群体中,过半的女大学生反映在择业过程中遇到过"男女均可胜任岗位却注明只招男性或男性优先"的情况,三分之一的女大学生表示遇到过"被问及有无伴侣、未来几年有无结婚打算"的情况(见表 4.14)。更有女大学生感慨"二孩提起来的女性问题仿佛一把刀子天天悬在我们头上"。

表 4.14 全面二孩政策下女性就业不平等的表现(应届毕业女大学生)

应届女大学生遭遇的就业歧视体验	占比
应聘时遭遇只招男性或男性优先	49.7%
被问及有无伴侣、未来几年有无结婚打算	30.4%
被问及生育意愿	10.8%
遭遇用人单位提出限制生育间隔	8.6%
其他	5.6%

另外还应注意,由于国家法律法规的逐步完善和女性就业维权实践的增多,当前在招聘公告或简章中已很少看到公然涉及性别歧视的字眼,但就业不平等正在以一种更加隐秘的方式继续存在。访谈中多位民营企

业人力资源负责人直言:"法律明确规定不能歧视女性,我们不会在招聘公告上注明只要男性,但是筛选简历的时候会先筛掉女性";"像我们单位招聘的时候,评委心里都清楚,对男生要放宽些条件,但肯定不会明文规定";"同等条件下或男生条件稍微差点,都会选择男生"。某企业人力资源主管明确表示:"我们如果因为性别因素不想要一个人时,并不会说出真正原因,而是会找出很多其他理由。"

从歧视的结果来看,之前有报道称,随着全面二孩政策开始实施,女职工因孕期、产期、哺乳期权利受侵害引发的劳动争议案件有所增多。课题组通过对重庆市主城区和区县法院、人社局等主管部门的走访和电话访谈发现,目前重庆市尚未发生过因生育二孩产生的劳动纠纷案例。同时,调查中仅有5.6%的管理人员表示所在单位因生育二孩引起的劳动纠纷很多或者较多(见表4.15)。对此需要辩证地看待,一方面,这或许代表当前重庆市女性就业不平等现象还没有恶化到需要法律调解审判的程度;另一方面,也有可能是面临平等就业受到侵犯的现实,大多数女性仍然选择默默承受,进而掩盖了生育政策引发的劳资矛盾。

表4.15 因生育相关问题引起的劳动纠纷情况

选项	百分比
非常多	1.0%
比较多	4.6%
一般	17.3%
很少有	25.2%
没发生过	50.0%
不清楚	1.8%

上述调查显示女性择业过程中的三大特点,一是全面二孩政策实施后,"生育"再次成为女性择业中的敏感词,即择业主要障碍;二是性别歧

视从显性化向隐性化转变,成为一些用人单位规避法律制约、社会责任的手段,用人单位的隐性歧视行为已经存在且难以有效识别和监控,当前亟须对用人单位的女性就业隐性歧视行为加以遏制和规范,并高度重视其中存在的潜在风险;三是当前女性平等就业问题引发的劳动纠纷尚未凸显,但应理性看待。

(二)影响全面二孩政策对女性平等就业政策效果均衡的因素分析

结合问卷调查和座谈,课题组经过反复分析、讨论,梳理出受访者认为影响女性平等就业最显著的五个因素,分别是法律因素、公共服务因素、用人单位因素、社会观念因素及女性自身因素,且对这些影响因素,群体间形成了较为统一的共识,认知差异不大。对其进一步归纳和整合,对这些决定政策效果的影响因素还需进一步分析。

1. 法律保障的不足性与政策保护的过度性

政策法规是保障女性平等就业的法律依据,也是女性平等就业的立足之本。一方面,完善的政策法规可以有效保障女性平等就业;另一方面,政策法规对女性的保护也会增加用人单位招用女性职员的机会成本,使得用人单位容易产生"女性员工惹不起"的错误认识,这反而导致了用人单位的性别偏好和就业歧视。

调查发现,受访者认为"法律保障不足"是影响二孩政策下女性就业平等的首要原因。一方面,法律法规动态性不足。在新的生育政策背景下,一孩政策时期的相关法律条例已不能完全适应政策的需要,需要出台专门的二孩生育者权益保障的相关法律条款。另一方面,我国保障女性就业权益方面的法律法规本来就不十分完善,全面二孩政策下,必将面临更大的挑战。我国现有的反就业歧视条款散布于《宪法》《妇女权益保障法》《劳动法》《就业促进法》等法律法规中,但没有出台专门的《反歧视法》。《劳动法》等单行法也仅仅是做出一些原则性的规定,既没有对就业性别歧视的构成要件做出明确的界定,也没有明确具体的责任承担主体和处罚规定,因而导致反就业歧视实施机制缺乏和执行机构缺位,决策者和执行者内部对就业歧视及政府监管都持有争议,对一些用人单位发生的性别隐性歧视,因为取证比较困难,也没有明确的解决办法。

全面二孩政策下,在女性权益保障方面,2016 年修订的《重庆市人口与计划生育条例》规定,符合法律法规规定生育的女职工在国家规定产假的基础上增加产假 30 日。也就是说,重庆市产假的基本量是 128 天。且经本人申请,单位批准,产假期满后可连续休假至子女一周岁止。这一规定更加人性化。但产假的延长有可能进一步加剧女性在职场的窘境;增加可以休假至子女一周岁的规定,看似无可挑剔,但在政策可操作性上缺乏具体的规定,还难以成为带给广大女性的真正福利。在女性就业权益保障方面,全面二孩政策出台后,重庆市也继续严格落实《劳动法》《妇女权益保障法》等法律法规,但地方性的法规如《重庆市职工生育保险暂行办法》《关于进一步加强生育保险工作的指导意见》《重庆市妇女权益保障条例》等也并未结合新政策做出调整,对平等就业、就业歧视等涉及女性就业权益的法条及内涵也没有具体的规定和说明,同样导致反就业歧视缺乏明确的政策法规依据。

此外,我国在立法上还存在对女性的"过分保护造成弱化和隔离"的问题。法律对女性就业的特殊保护周期较多,涉及面也较广,除"四期"之外,还包括"更年期""退休期"等。多处保护条款中也出现"适合女性特点""影响女性职工健康"等字眼,这将给用人单位以"女性职工更适合低价值劳动"的误解,不但会增加用人单位对女性的反感,而且会在客观上弱化女性的人力资源价值。这么多的法规保护加大了劳动力使用部门的用人成本,使人们认为妇女是用人单位的累赘,加剧了性别偏好和对女性的就业歧视,致使改革之后很多地方对女性的特殊劳动保护降低,就业歧视增多。[1]

2. 生育政策的导向性和公共服务的缺失性

全面二孩政策代表了一定的鼓励生育倾向。但由于相应的配套政策特别是公共服务跟不上,容易导致计划生育政策沦为形式。公共服务涉及发展教育、科技、文化、卫生、体育等公共事业,是社会公众参与社会经济、政治、文化活动的重要保障。大部分公共服务并不能直接促进女性平等就业,但公共服务对女性生育的保障可以适当减轻女性的家庭束缚,使想就业的女性可以更好地投入工作,间接起到促进女性就业的作用。

目前重庆市关于保障女性生育和就业的公共服务覆盖面不够,未能有效发挥其保障作用。通过对妇联单位和相关企业开展座谈,座谈对象们普遍反映,二孩背景下与女性平等就业相关的公共服务缺失影响了女性平等就业,具体集中体现在女性就业与再就业服务、幼儿教育服务和幼儿医疗服务上(见表4.16)。

表 4.16 全面二孩政策下的公共服务缺失

编号	观点
座谈对象 1	二孩政策全面放开后,缺乏公共服务配套措施,尤其农村生育更多的,加剧贫富差距、人口结构不合理等问题
座谈对象 2	政策给予女性的支持较少,女性承担了生孩子和大部分养育孩子的责任,但就业政策与就业服务上,并未有任何的倾斜
座谈对象 3	全面二孩政策停留在家庭层面,缺少国家意识,没有一整套的教育、医疗服务设施,也没有可以弥补的措施
座谈对象 4	社会还没有给女性提供足够的再就业能力的提升平台
座谈对象 5	女性要自己带娃还是因为不放心给别人带。育儿、托管、保姆等专业服务跟不上,职场妈妈不能安心工作,部分人也存在就业困难
座谈对象 6	国家发展需要才出台的全面二孩政策,政策上并不完善,仅仅是国家和社会对女性提出更高的要求是不够的

---

[1] 郭慧敏、丁宁:《就业性别平等立法模式选择》,《中国青年政治学院学报》2006 年第 3 期。

我国当前的公共服务配套水平是伴随 30 多年的独生子女政策逐步建立和完善的,在保证一孩政策实施的过程中还存在部分缺失和不足。全面二孩政策放开后,现有公共服务的提升面临更加严峻的挑战。公众普遍反映,当前在生育的各个阶段仍然会遭到一些问题和困难,如"怀"时档案难建,"生"时产床难求,"育"时孩子托管以及入园难等。以教育、医疗、照料以及育龄女性就业等社会经济环境和问题暴露出的社会公共服务不足的问题,加剧了公众不想生、不愿生的低生育意愿现状,不利于全面二孩政策的落实。

生育政策的放开和社会公共服务供给存在落差,反映了政府和社会支持在人口生育中责任弱化,而这种弱化的成本最终只得由用人单位和家庭来承担。但当前就业市场以外企、民企等非公有制企业为主体,这类企业为了降低人力成本,想方设法将本应由企业承担的生育成本转嫁给生育女性。如生育期间换岗、生育期间不提拔等。较之企业组织,家庭作为弱势群体,被迫接受企业转嫁的生育成本。① 因而,在我国现阶段的公共服务供给水平下,生育二孩的成本绝大部分由家庭或女性承担,生育成本过于私人化。当前的一种普遍现象是,一般家庭的高知识女性,若没有父辈的育儿支持,生育后为更好地照料幼儿,大部分会选择退出劳动力市场,其中以在非体制内工作的女性最为常见。这些女性前期借助教育的投入,获得了社会地位的提升,但由于生育又不得不选择暂时或者长期退出劳动力市场,这不仅是一种人力资源的流失,也不利于社会总福利效益的提升。

3. 用人单位的趋利性与就业保障政策的有限性

用人单位是导致女性就业不平等问题产生的主体,管理人员的价值取向决定了用人单位的用人倾向和用人选择。调查发现,用人单位的用

① 王志章、刘天元:《生育"二孩"基本成本测算及社会分摊机制研究》,《人口学刊》2017年第 4 期。

人倾向和就业政策的有限性都对女性平等就业产生了影响。

首先,用人单位的实用主义倾向压缩了女性就业空间。市场经济时代,用人单位的理性"经济人"特征决定了其在做出用人决策时,会以经济效益优先,力求通过减少人力成本以获取更多利润。一方面,全面二孩政策鼓励女性二次生育,而用人单位可能需要二次承担女员工在孕期、产假期、哺乳期的经济支出和工作断裂的成本,进而产生因招用女性职工导致成本增加的担忧。访谈中,多位企业主管明确表达了这方面的顾虑,"企业在女职工生育上的痛点是直接和间接导致用人成本的增加","女性由于休产假所带来的经济损失现在由个人和用人单位来承担,所以用人单位会抗拒"。另一方面,用人单位担心已婚育女性投入工作的时间精力有限,致使用人单位不愿意给女性平等的就业机会。调查显示,71.2%的管理人员担心"女性职工生育后可能会把大部分精力投入家庭而不是工作,工作效果不佳",66.7%的管理人员担心"女性职工会请产假,生育后也会经常请假,增加工作安排难度"(见表4.17)。访谈中用人单位管理者纷纷表示:"女性存在投入更多时间到非工作事务中的隐患","女性能投入工作的时间有限"。综上可知,用人单位可能出于成本和效益考虑而不招用女性,造成女性就业空间压缩。

表 4.17　全面二孩政策下管理人员招录女性的顾虑

条目	百分比
女性职工生育后可能会把大部分精力投入家庭而不是工作,工作效果不佳	71.2%
女性职工会请产假,生育后也会经常请假,增加工作安排难度	66.7%
有生育意愿的女性职工可能会选择生育,从而增加人力成本	44.0%
女性职工可能会因为生育随时离职,不稳定	42.7%
生育二孩后的女性年龄过大,面临职业瓶颈	17.6%
其他	1.7%

其次,调查中管理人员对招录女性员工的顾虑,实际上是用人单位性别歧视的表现。我国与女性平等就业相关的法律有《劳动法》《劳动合同法》《就业促进法》《妇女权益保障法》《女职工劳动保护特别规定》等法律法规。一方面,这些规定保障了女性的平等就业权、同工同酬权等相关权益;另一方面,法律法规对用人单位的用工性别偏好、报酬性别差异,尤其是当前普遍存在女性就业隐性歧视效力不足,显示了就业政策在女性平等就业保障上的有限作用。

4. 社会政策的倡导性与女性就业的现实差距性

文化观念是一个社会长期沉淀的深层次认知。女性特殊的生理特征以及漫长的男权社会下所形成的传统性别文化观念,形成了女性主要服务于家庭的角色认知,如"男主外,女主内""相夫教子"等。随着时代的进步和女权主义的发展,这种固化的社会性别观念已经得到较大程度的改观,女性已由单纯扮演家庭角色向家庭角色和社会角色相结合转变,并已被社会所认可。这在我们的调查里也已得到验证。通过调查发现,半数以上(58%)的受访者并不认可"男主外,女主内"的传统两性角色,仅16.6%的公众仍比较坚持;对于"女性应该在家好好带孩子,工作可有可无"的说法,也只有6.3%(见表4.18)的社会公众表示认可。

表4.18 全面二孩政策下公众的女性职业角色观

题项	非常认可	比较认可	一般	不太认可	很不认可
"男主外,女主内"	3.3%	13.3%	25.4%	41.2%	16.8%
"女性应该在家好好带孩子,工作可有可无"	1.9%	4.4%	10.2%	39.5%	44.0%

同时,女性自身和整个社会也将职场价值融入对女性的角色期许。调查显示(见表4.19),71.5%的公众认为对女性来说家庭和事业同等重要,还有7.8%的社会公众认为对女性来讲职业或事业更重要,仅18.8%

的公众认为对女性来说婚姻或家庭更重要。以上三个问题结果基本持平,共同表明当下社会性别观念在不断进步。

表 4.19　女性对于家庭和事业的选择

事业/家庭	占比
婚姻/家庭更重要	18.8%
职业/事业更重要	7.8%
两者同等重要	71.5%
无所谓	7.8%

　　但当今女性所遭遇的不公正待遇并没有因为社会性别观念的进步而完全消除。尤其是全面二孩政策的出台,女性在生育和家庭中将要花掉比以前更多的时间,可能会让用人单位对女性更加避之不及,女性的职场环境反而会更加恶劣。此外,与传统社会相比,现代女性在外出工作之余仍然要担负大部分甚至全部的家务劳动,参加市场劳动不仅没有使女性获得解放,反而造成了很多女性的双重不可承受之重。从某种程度上说,一直被视为理所当然的基于性别的家庭内部分工已成为阻碍性别平等实现的关键因素。[①] 按照这个层面上判断,陷于工作和家庭两难平衡困境的女性只是获得了阶段性的平等,压在女性肩头的家庭责任的分担格局和不公正的职场待遇仍然阻碍两性之间实现彻底的平等。

　　这说明我国社会政策在性别平等的倡导上还需加强。客观来说,当代社会女性从不能就业到就业有一定障碍,从对女性群体全面歧视到针对就业女性的局部歧视,从否定女性能力的本质性歧视到由生育引发的现象性歧视,说明社会性别平等观念还需要全社会,尤其是国家政策的引领和进一步倡导。社会性别平等观与女性就业的不平等现状之间仍有一

---

　　① 王玮玲:《基于性别的家庭内部分工研究》,《重庆大学学报(社会科学版)》2016 年第 5 期。

定差距,对此需要有客观的认识。

5.女性职业角色的期待性与家庭支持政策的不足性

中国传统的社会性别观念,一方面会导致劳动力市场产生对女性的统计性歧视,但另一方面也会影响女性自身的就业观和工作选择,使女性在工作追求中趋于保守、安稳,事业心不足。调查发现,从女性对自身事业的追求来看,女性其实对自己的事业或职业期待并不高,她们更关注工作的稳定性而非更能体现个人事业心的工作收入和工作地位(见表4.20)。调查显示,应届毕业女大学生期望的单位分别是事业单位、国有企业和党政机关,普通员工期望的就业单位和工作分别是事业单位、自由职业、党政机关。二者都比较偏好于稳定的工作岗位或轻松、自由的工作氛围,这与用人单位尤其是企业的工作状态和氛围存在偏差。

表4.20 女性自身的职业期待

群体	工作稳定性	工作收入	工作地位
整体	2.34	2.15	1.54
应届毕业女大学生	2.24	2.23	1.58
普通员工	2.27	2.25	1.56

另外,从女性的社会角色追求来看,女性更看重个人家庭角色的扮演和家庭价值的实现。在现实生活中,男性在新生儿降临后的一段时间内会对事业重心作一定的调整,但这种调整通常是暂时的和策略性的。而女性则不同,生育之后,女性往往更倾向于家庭,事业上的成就动机变弱,对事业的追求更加趋于现实,在两者冲突的情况下一般会服从和让位于家庭。[1]

通过调查女性对工作和生育的选择发现,有70.8%的女性不会因为工作延迟生育或不生育(见表4.21)。可见,对多数女性而言,生育行为

---

[1] 国云丹:《高知女性、生育与职业发展——以上海市21位女性为例》,《妇女研究论丛》2009年第2期。

仍然优先于工作。

表 4. 21　女性是否会因为工作而延迟生育或者不生育

选项	百分比
会	29.2%
不会	70.8%

通过进一步调查发现,40%的女性选择生育后会把更多的精力投入家庭,55.5%的女性选择生育后对工作和家庭的投入差不多,仅 4.5%的女性选择生育后把更多的精力投入工作。而女性做出"把更多的精力投入家庭"这个选择,仅有 29.4%的女性是出于无奈、听从安排的,62.2%的女性出于主观自愿。可见,女性自身仍然具有强烈的、内化的家庭观念,加上工作追求不高,二者都会增加用人单位对女性员工的不信任感。也有座谈对象表示:"男孩子有野心,更希望被别人重视和认可,更有冲劲,所以更适合在职场打拼。"

以上调查说明,家庭支持政策,包括生育假、二孩生育补贴、生育再就业等系列政策,不仅要及时出台还要落到实处,否则广大女性专注自身工作及职业发展就可能放弃生育、放弃家庭。总之,全面二孩政策下女性生育意愿优先的选择,以及生育造成的时间、精力分割增加了用人单位的顾虑,从而弱化了女性就业竞争力。

<h2 align="center">第三节　小结与讨论</h2>

通过以上对重庆市在职员工和应届女大学生的调查可以发现,政策效果失衡现象,即全面二孩政策对女性平等就业的影响确实存在。

尽管二孩政策的目标并不直接涉及女性就业,但它给女性就业带来的影响却是直观而多方面的。全面二孩政策下重庆市女性平等就业的政策效果不均衡主要体现在四个方面:其一,全面二孩政策下女性就业不平等问题整体上更加突出,在职群体反映最强烈,但用人单位对不平等问题的认识不足,易加剧女性就业不平等。其二,全面二孩政策的影响贯穿女性就业的各个环节,尤其是女性在入职环节遭遇的不平等最为显著,女性入职门槛因为生育,尤其是二孩生育被拔高,导致女性职业生涯从一开始就处于劣势。其三,全面二孩政策在不同所有制单位影响不一。私有制单位因为利益驱使较歧视女性,表现出一定的男性偏好。其四,因为生育问题,隐性歧视已经成为制约女性平等就业最重要的手段和形式。上述这些问题都不是全面二孩政策直接造成的,但二孩政策的确在一定程度上加大了女性就业歧视问题。

影响全面二孩政策对重庆市女性平等就业政策效果均衡的因素主要体现在五个方面:其一,公共服务政策法规方面,包括就业、教育等政策法规的配套对女性平等就业权益保障不足,间接衍生出对女性就业弱化和隔离的反作用。其二,社会保障方面,二孩政策下政府鼓励社会公众按政策生育,但公共部门给了女性生育和就业的公共服务保障却严重不足,使得生育现实难以落实生育政策的要求。其三,就业政策的有限性。用人单位"理性经济人"的实用主义倾向决定其用人偏好,压缩女性就业空间,同时用人单位管理人员对女性遭遇的就业歧视现象认知和平等意识不足,恶化女性就业环境。其四,社会性别平等政策力度不够。传统的女性"主内"的社会角色定位认知有所改变,但女性大量参与市场劳动,家务劳动却无人分担,在现实中形成了女性职场与家庭的双重困境。其五,家庭政策需加强。女性自身的工作能力和事业心是用人单位做出用人决策的重要考量,但女性仍然具有内化的家庭观念,职场自我期望和定位也不高,限制了女性自我潜力的发挥。

第五章　国外促进女性平等
就业的政策借鉴

通过政策效果和政策系统均衡的分析可以发现,与平等就业相关的公共服务政策的不足,不仅成为政策效果不均衡的显著因素,同时,也是政策系统失衡的典型原因与表现。针对这些突出问题,可以通过寻求其他国家和地区在谋求性别平等、消除性别歧视方面形成的一些有针对性的做法,为我国全面二孩政策背景下促进女性平等就业提供参考。

以下将具体根据我国在促进女性平等就业的法律政策、公共托幼服务供给、社会保障、家庭支持政策以及对用人单位的生育成本分担方面的政策不足,通过探究世界不同国家和地区相应的做法,通过对标和借鉴,以求科学、高效地实现我国全面二孩政策下的女性平等就业的均衡发展。

第一节　英国、美国、欧盟、日本促进女性
平等就业的法律与政策

英国、美国、欧盟、日本在女性平等就业问题上都经历了较长的历史发展。英国关于反就业歧视的立法覆盖了劳动的各个环节,其中关于歧视的判定可为我国反就业歧视法律体系完善提供借鉴。美国与我国不

同,其关于男女平等的条款至今都未明确出现在宪法中,但其在保护女性平等就业,消除性别歧视方面形成了一系列的联邦立法。男女平等是欧盟及其成员国的基本价值,而促进性别平等也一直是欧盟政策的主要目标。从主张"同工同酬"的《罗马条约》开始,欧盟及其成员国通过一系列法律政策和以性别主流为代表的其他多种措施,在促进女性平等就业方面开辟了许多特色实践,从而为性别平等作出了一定的贡献。日本由于历史和文化的原因,社会长期以来都是"以男性为中心",女性婚后退出工作领域的现象司空见惯。近年来,日本女性就业人口屡创新高,传统的家庭和社会格局日益松动,这一改变离不开日本政府积极促进就业平等的努力和行动。

一、英国、美国、欧盟的法律和政策设计

(一)英国法律中关于歧视的判定

英国建立了较为完善的促进女性平等就业的法律。在成文法方面,有代表性的分别是《公平工资法》(1970)、《就业保护法》(1975)、《性别歧视法》(1975、1986)、《就业权利法》(1996、1998)等。由于英国是一个判例法国家,因而,法庭和法院的判决共同构成了英国促进女性就业平等的法律实践。

在英国法律当中,对就业歧视问题基本上是按照直接歧视与间接歧视的理论上的分类进行规定的。[①] 在英国法律看来,尤其是很多法官在判例中认为,直接歧视是不能用一般的理由来证明为正当的,除非有法律的明确和具体的规定,而间接歧视则可以由被告用通常的一般(如与工

---

① 刘勇:《就业公平保障法律制度研究》,重庆大学博士学位论文,2006 年。

作需要有关)理由来使其正当化。[1]

关于直接歧视的概念,《种族关系法》和《性别歧视法》第1条都规定,如果一个人基于种族/性别的原因而受到不如其他种族/性别的人的不利(less favourable)对待的话,就构成歧视。也就是说,由于性别或种族等因素所遭受的客观不利对待即构成直接歧视的判定标准,而不管这种不利对待行为施加者的动机是否良善或是否故意。此外,直接歧视中不利待遇的判定面临一个比较对象的选择问题,即所遭受的不利待遇是相对谁而言,对此,英国法官发明了一个"要不是"(but for)规则。如:要不是原告是一个妇女,她就不会怀孕,要不是怀孕,就不会受到不利对待,由此将怀孕作为一个性别附加因素,并判定对孕妇的不利对待亦构成性别歧视。[2]

间接歧视与直接歧视的区别主要在于它是由表面上的中立规定所导致的客观不利对待。《性别歧视法》第1条规定,如果对妇女使用的某个规定(provision)、标准(criterion)或惯常做法(practice)尽管也同样地适用于男性,但是它却使相当大比例的妇女受到了相比男性而言的损害(detriment),而且这种损害不能以与性别无关的理由证明为正当,并最终导致了对某个具体的妇女(原告)损害的话,就构成间接歧视。[3] 是否导致相当大比例的女性受到客观不平等对待,以及是否能证明所使用的规定、标准或惯常做法与性别无关且适当,是判断间接歧视的关键。

(二)美国的法律体系

美国宪法第五修正案和第十四修正案是女性权利平等保护的重要宪

---

① H.Collins,K.D.Ewing and A.McColgan,*Labour Law-Text and Materials*(second edition),Oxford and Portland,Oregon,2005,P.235.

② H.Collins,K.D.Ewing and A.McColgan,*Labour Law-Text and Materials*(second edition),Oxford and Portland,Oregon,2005,P.240.

③ 刘勇:《就业公平保障法律制度研究》,重庆大学博士学位论文,2006年。

法渊源,前者约束联邦政府的行为,后者约束各州的行为。但由于其平等保护内容直到 1971 年之后才被联邦最高法院用于对女性权利的平等保护,因而联邦立法才被认为是女性就业权平等保护的最初法源,也是内容最全面、适用范围最广的法源。

1963 年的《同工同酬法》(The Equal Pay Act,也称作《同酬法》)是美国历史上第一部由联邦制定的关于禁止就业歧视,保障女性平等工作的立法。它确立了同工同酬的理念,也是联邦第一部有影响力的反就业歧视法案。

1964 年,美国《民权法》第七章(Title Ⅶ of the Civil Rights Act)正式通过,它禁止雇主、职工机构和劳工组织因性别、种族、肤色、宗教信仰、性别或者来源国而在雇佣、解雇、工作机会、工作条件、工作期限、工作地位等方面对雇员个人有任何歧视性的差别对待。它不仅将性别歧视与种族、肤色、宗教等一起被禁止成为歧视的理由,同时也扩展了"歧视='同工不同酬'"的狭隘范围。此时,美国女性就业权平等保护的法律体系真正地开始建立。① 此外,1964 年的《民权法》第七章对法律约束的主体、就业歧视的基本标准、救济方式和程序,以及承担就业歧视法律责任的方式等与就业歧视相关的问题作了全面的规定,因而,这一法案被称为联邦解决就业歧视的基本法。约翰逊也宣布该法案是"为所有美国人通向平等机会的重要一步——在美国进步的过程中为她的所有公民通向完全的公正的里程碑"。

1964 年之后,美国涉及的女性就业权平等保护的法律文件还有关于《民权法》第七章的几个修正案。其中,1972 年美国国会通过的《平等就业机会法案》,扩大了《民权法》第七章约束的主体范围,延长了非法雇佣实践受害人提起诉讼的时间,更好地保护了雇员的就业权。1978 年的

---

① 郭延军:《发展中的美国女性就业权平等保护》,华东政法大学博士学位论文,2010 年。

《禁止怀孕歧视法》进一步将怀孕歧视纳入法律所禁止的行为。这部法律也是对《民权法》第七章的补充和修正。它明确规定雇主不得基于怀孕的原因而拒绝雇佣应聘者,对怀孕妇女的工作、产假、医疗保险和附加福利等项目进行了详细规定,充分保护怀孕期妇女的合法权利。1991 年美国又颁布了《1991 年民权法》(Civil Rights Act of 1991,CRA1991),它的一个显著变化是规定了就业中故意歧视的赔偿问题,包括补偿性赔偿和惩罚性赔偿。

1963 年的《同酬法》和 1964 年的《民权法》第七章及围绕第七章形成的 1972 年、1978 年、1991 年的第七章系列修正案构成了美国禁止就业歧视的法律群。这些在实践中不断丰富和细化的联邦立法,为女性就业歧视的制裁提供了完备的法律指导,也成为美国促进女性平等就业的有力支持。

(三)欧盟平等就业政策体系

欧盟的平等就业政策法律体系主要由指令(directives)、建议(recommendations)和行动项目(programmes)构成。早在 20 世纪 50 年代,欧洲经济共同体时期就通过了《罗马条约》(Roman Treaty)。该条约第 119 条规定了保障男女同工同酬的一般原则。1961 年,欧洲委员会(The Coucil of European)为了进一步保障两性的社会、经济权利,制定了《欧洲社会宪章》。该宪章第 8 项对女性工作权益作了特别规定。宪章虽然不是共同体的法律,也没有强制性,但为共同体性别平等政策的发展提供了理论依据。

20 世纪 70 年代,共同体通过了 75/117 号平等报酬指令、76/207 号平等待遇指令和 79/9 号社会保障平等待遇指令。平等报酬指令通过对"同工同酬"概念的进一步明确,"使得在就业隔离领域中引入平等的原则成为可能"①。"平等待遇指令"关注从晋升、职业培训、工作条件等方

---

① C. E. Landau, " Recent Legislation and Case Law in the EEC on Sex Equality in Employment", *International Labor Review*, Vol. 123, No. 2(January-Februar 1984), p. 55.

面有助于抑制性别歧视,保护女性的劳动权益。"社会保障平等待遇指令"规定各成员国应使劳动者受到社会保障体系的平等对待,目标在于消除包括直接歧视和间接歧视在内的所有歧视行为。这三项指令超越了"同工同酬"的概念,将反就业性别歧视进一步推进,从而为性别平等政策的发展奠定了法律基础。

20世纪70年代后期以来,欧洲开始出现积极行动方案,更加关注女性所能获得的实质的平等。积极行动方案将其重点放在平衡家庭责任与职业责任的关系上,关注儿童监护机构的建立以及妇女因为生育中断工作后重新返回工作场所的问题。[①] 1991年《马斯特里赫特条约》正式签订,欧盟正式形成并对《罗马条约》进行了修订,允许实行积极行动或"正面歧视"(即优待女性)以纠正妇女由于历史原因所处的不利地位。此外,《马斯特里赫特条约》促使了多项与性别平等政策有关的指令的通过,如1992年怀孕受雇者指令、1996年亲职假指令、1997年性别歧视案件举证责任分配指令等。其中怀孕受雇者指令是第一个生育权利方面的指导方针。亲职假指令则规定新生儿的父亲也可以享受不低于3周的"产假",以促使男女两性能平等分担家庭责任。这些指令加强了法律对孕期和哺乳期女性的保护,并帮助女性照料儿童,兼顾家庭和工作,使性别平等的范围更大,更具体。同时这一时期的法律也更加关注就业与性别平等的密切联系,具有一定的特殊倾向性,象征欧盟在促进女性就业和性别平等方面的法律政策建设更加务实和成熟。

进入20世纪90年代以后,性别主流化理念开始成为欧盟实现性别平等战略目标的重要导向。这也意味着性别平等的主张和应用范围在欧盟得以进一步发展。以1995年联合国世界妇女大会的召开为契机,在大会提出的"性别主流化(Gender Mainstreaming)"工作方针号召下,1996年

---

① 郅晓莹:《欧盟反就业歧视法律制度研究》,山东大学硕士学位论文,2009年。

欧盟委员会在其第四次关于平等机遇的"促进两性平等机会的行动计划（1996—2000）"中，正式承诺实施性别主流化，要求将性别平等视角纳入到所有共同体政策和行动中去，男女平等由此进入欧盟决策的主流，这也代表了欧盟致力于实现以性别主流化为基础的政治承诺。

欧委会这样界定"性别主流化"：这个术语"包括将促进平等的努力不是仅限在帮助妇女的特殊措施的实施上，而是利用所有的为实现平等目的而特别实施的一般政策和措施，通过积极地和公开地在计划阶段考虑它们对男女各自情况所产生的可能影响来利用它们"。这一原则由1996年的《阿姆斯特丹条约》首次从法律上作出正式规定。《阿姆斯特丹条约》第2条承诺提高就业水平，促进男女平等；第3条规定，在欧盟的一切活动和政策中，都将以消除男女之间的不平等为其行动目标。至此，男女平等不仅体现在劳动领域，还将被融入欧盟所有政策，包括计划、决议、法案的执行中；第13条规定，在不和本条约其他条款相冲突并且不超越共同体的授权范围的前提下，理事会根据委员会的相关建议，并咨询欧洲议会的意见后，可采取适当的行动，制止基于性别、种族或民族出身、宗教或信仰、残疾、年龄或性取向的歧视。这项允许成员国维持积极歧视的政策被称作"欧洲人权事业的里程碑"。1996年后，欧盟委员会每年都会产生一份关于性别平等的报告，密切关注女性的"社会融入"状况。2000年之后甚至拨出专门预算，用于促进男女平等政策的制定。

随后，欧盟又在《阿姆斯特丹条约》的基础上制定了一系列的指令，进一步强化反歧视实践和推进社会性别主流化。1998年，欧盟在第一份《就业指南》中明确涉及性别主流政策，其具体含义是"将社会性别意识即性别平等意识纳入一切决策者的思想和行动中，体现于一切法律、政策和措施中，并通过政策制定者的行为变成社会认可的共有观念"。1999年，欧盟在《就业指南》中加入新条款，要求成员国"在实施共同就业政策的过程中贯彻性别主流政策"。性别主流化原则不仅成为欧盟解决就业问题与性别平等问题相结合的黏合剂,而且有助于性别平等观念融入一切体制、结构、过程、政策、项目、组织以及文化中,是实现性别平等的长期性、战略性方法。自欧盟 1996 年正式承诺实施性别主流化原则以来,欧盟的性别平等政策开始全面向主流化迈进,性别平等意识已成为决策主流,且已成为欧盟实现性别平等的一项官方政策。

二、英国、美国、欧盟、日本的政策执行机构

政策目标的达成,关键在于政策的有效执行。而政策的执行机构,则是影响政策能否有效执行的关键要素。为促进政策执行的可操作性和性别平等问题的有效解决,英国、美国、欧盟和日本等都成立了专门的组织机构。

英国在程序和机构设置方面比较富有新意,值得借鉴。英国于 1996 年出台了《就业法庭法》,并设立了专门的就业法庭和就业上诉法庭,每个公民都可以独立地向就业法庭提起诉讼。在机构设置方面,英国也专门设立了平等机会委员会(EOC),通过审查,监督法律执行效果等职能,专门用于解决性别歧视,提升两性平等就业的机会。平等机会委员会的职责在 2006 年被英国平等与人权委员会(Equality and Human Rights Commission, EHRC)接管,它作为独立的法定机构继续促进和执行平等和不歧视的法律责任,帮助雇主和雇员消除歧视,减少不平等。

在不同时期和不同领域,美国也比较注重成立专门的职能机构来履行阶段性地或持久地促进平等就业的职能。同时,民间也自发形成了一些社会组织来进一步推动。来自官方和民间的相关组织机构在职能和作用上各有侧重,相互配合,共同促进女性平等就业的实现。

1964 年的《民权法案》第七章创设了美国平等就业机会委员会(Equal Employment Opportunity Commission, EEOC),主要负责执行规制就

业歧视的联邦法律,并处理有关这类案件的申诉、调解及诉讼事宜。该委员会由五位委员组成,他们经总统提名、参议院同意任命,任期是采用间隔式的五年制。1991年"民权法"创设了玻璃天花板委员会。根据"民权法"第二章的规定,该委员会主要研究劳工世界的"玻璃天花板"现象并提出解决方案。该委员会的工作期限是4年,自1991年"民权法"实施之日算起。另外,美国劳工部妇女管理局(WB)作为唯一一个联邦政府层面的维护妇女利益的组织,承担起系统地制定标准或政策,改善妇女工作环境,提高妇女工作能力,提高妇女的就业机会等职责。美国国务院下设国际女性议题办公室(Office of International Women's Issues),在扶持女性创业,提高女性经济活动参与率方面发挥重要作用。2009年成立于金融危机背景下的白宫妇女和女童委员会,其宗旨是确保每个机构在其负责起草的政策、支持的项目规划与立法中反映妇女和女童的需要。①

在非政府组织方面,在美国影响比较大的是美国国家妇女组织(National Organization for Women)。它是一个全国性的民间群体组织,总部设在华盛顿,分支机构遍布美国各州、社区。它的主要目标是反对性别歧视,争取女性就业平等,同工同酬,鼓励女性积极参与政治活动和维护女性其他合法权益。美国形成了制裁就业歧视、促进女性就业平等的特色做法,有效地促进了美国女性的平等就业。

欧盟专门促进女性平等就业的机构主要是指机会平等委员会(The European Commission's Equal Opportunities Unit,ECEOU),它成立于1976年,作为专司"就业、劳资关系和社会事务"的总理事会第五部的分支,主要负责监督现存平等立法的执行、起草新的立法以及向理事会提出建议等。1976年,委员会还任命了一个小型的妇女局,负责监督和执行平等待遇指令和欧洲社会基金的使用。此外,欧盟建立了许多网络系统来支

---

① 孔静珣:《美国妇女就业问题研究》,《中华女子学院山东分院学报》2010年第2期。

持共同体的行动,如 1982 年建立的关于实行平等指令的专家网络系统,1983 年建立的关于妇女在劳动力市场中地位的网络系统,1986 年在企事业中积极行动的网络系统、广播领域的机会平等筹划委员会、协调职业与家庭责任措施和照料小孩的网络系统、教育领域的机会平等调查委员会。① 欧委会还通过每年发表一份机会平等发展报告的方式监督欧盟和成员国的工作,拨付专门预算推进政策的实施等。这些机构和形式在监督平等立法的执行、保障政策的实践性方面均为我国提供了有力的参考。

日本则成立了"公平就业妇女和家庭局""劳动局雇用均等室"等作为专门的平等就业政策执行机构,同时还建立了男女共同参与中心、女性促进中心等机构。非政府组织中,较著名的是由 48 个女性团体组成的"48 团体"。这些机构对促进两性平等就业起到了重要的作用。

第二节　英国、日本的家庭和育儿福利政策

一、英国的育儿福利政策

英国实行强制保险和普遍医疗保健相结合的生育保障制度。从孕妇到育儿,都能享受到优厚的福利保障。首先,优厚的孕妇福利。得益于二战后便建立起来的"国民健康服务体系(NHS)",英国女性怀孕期就可以拿到一笔数百英镑的补助,之后从怀孕到孩子两岁,母子(女)俩都可以享受免费医疗和牙医。在带薪休假方面,英国有 52 周的产假,39 周带薪产假。其中 6 周给付 90% 的工资,没有上限,剩余 33 周,支付收入的

---

① 任俊芳:《从欧盟基本立法中看妇女地位的提高》,《浙江学刊》2003 年第 5 期。

90%,最高为每周 139.58 英镑。在陪产假方面,在职男性有 2 周的带薪陪产假,支付水平为收入的 90%,最高为每周 139.58 英镑。此外还有 18 周的育婴假,但没有津贴待遇。对失业人员、自雇者等没有领取法定怀孕工资资格的人,政府给予发放生育津贴待遇。在育儿方面,只要有照顾儿童的责任,均可以申请主要针对 16 岁以下儿童的儿童福利金(Child Benefit)以及儿童税务补贴(Child Tax Credit)。在儿童托幼和早期教育方面,英国建立了政府、社区、家庭、学校四位一体的幼儿教育网络。一方面,英国政府为幼儿教育的健康发展提供了有力的物质保障。英国政府每年投资 80 亿英镑以保证每名适龄儿童每天免费享受近 3 小时的早期教育。所有 4 岁儿童的家长都可以从政府那里领取价值 1100 英镑的学前免费教育券,家长可凭此券为子女选择政府创办的学校的幼儿班。另一方面,英国建立了形式多样的托幼机构为家长提供保育服务和幼儿教育。有提供保育服务的以 0—5 岁幼儿为服务对象的托儿所,还有侧重于教育服务的以 3—5 岁幼儿为服务对象的幼儿园、保育班、幼儿班等,前者由卫生部门管辖,后者由教育部门管辖。还有其他托幼机构,如公立的混合型幼教中心、联合托儿中心、家庭开办的保育机构、早期教育中心等,满足家长不同形式的托幼需求。此外,社区给幼儿园以强力支持也是英国幼儿教育的一大特色:政府官员、社区负责人、社区知名人士都参与到社区教育机构中,发挥自身优势支持幼教事业。最后,家长也要密切参与幼儿教育。英国政府规定,从 1996 年起,凡将子女送到公立幼儿园的家长,都应与幼儿园签订合同,承诺与幼儿园合作教育子女,家长和幼儿园双方都要承担各自的义务。

二、日本的家庭和育儿福利政策

近年来,日本国内逐渐将其儿童福利更名为"儿童家庭福祉",突出家庭在儿童养育中的核心主体地位,国家和社会通过提供儿童津贴、儿童日托服务等福利对育儿家庭进行援助。①

日本从 20 世纪 90 年代开始,陆续出台一系列优厚的家庭和育儿福利。在生育福利方面,日本女性享受免费的孕检,在孩子出生后到未满 1 岁期间,如果在家休息育儿,也可以从雇佣保险中获得补助。金额为原来收入的 50%。政府承担女职工休育儿假期间的保险费。

在儿童补助方面,女性从确认怀孕到孩子中学毕业,可以领取"生育一次性给付金""生育补助金""育儿休假补助金"。这些补助在产前休假、产后休假、育儿休假的不同阶段支付。如孩子一出生就可以领取一笔 42 万日元的补助,且以后每个月日本政府都会给予家庭各种补贴。在孩子成长到 6 岁之前,所有医疗费用中的一部分都由地方政府承担等。

在儿童福利设施方面,日本政府斥资设立托儿所、儿童活动中心、福利服务中心等设施,营造全民参与的以社区为核心的儿童养育网络,以构筑良好的保护和养育儿童的社会环境。日本于 2016 年 3 月公布了紧急措施以缓解幼儿入学困境,扩充临时托儿所,扩充符合资质的托儿所的接纳数量。此外,在公共场所开小托儿所,例如永旺购物中心和第一生命保险都开办托儿所方便雇员照顾子女。从 2020 年 4 月开始,日本政府将全面实施"育人革命"政策,投入 8000 亿日元让学龄前免费教育覆盖全国,所有 3—5 岁日本儿童都可以免费上幼儿园。除了 3—5 岁儿童,政府还将拿出 100 亿日元,保证年收入不足 260 万日元(约 16 万人民币)家庭的 0—2 岁儿童上托儿所免费。

---

① 杨无意:《日本育儿支援体系研究》,《社会福利(理论版)》2016 年第 11 期。

第三节　北欧国家的家庭支持政策

在家庭支持政策方面,北欧国家,也就是丹麦、挪威、瑞典、芬兰、冰岛五国的许多做法具有特色。它们实现了较高的女性劳动参与率,却并没有像其他欧洲国家那样,生育率下降到了较低水平。在这些国家,家庭支持政策似乎使得女性在工作和生育两个方面都达到了平衡。根据家庭支持政策的不同内容特征,可以分为休假权利、现金支持和提供服务。[①] 休假权利,指给予家庭更多时间支持的政策,不同的国家给予夫妇生育休假的时间长度不同;现金支持政策,指通过提供现金形式的补贴,政府直接向有孩子的家庭提供支助;提供公共服务,指政府向家庭提供学前教育、儿童看护等服务。这些政策体现在对有 3 岁以下儿童需要照料的父母提供帮助,即让他们暂时离开工作并得到很好的补偿,又为 3 岁以下儿童提供了广泛的托儿服务。在休假方面,如挪威有两种"育儿假"模式,新生儿父母双方总共可休 47 周育儿假并拿全额工资,也可选择总共休 57 周,拿 80% 的工资,全部费用都由国家承担。瑞典法律规定,所有工作的父母每生育一个子女都享有 16 个月(480 天)的带薪产假,费用由国家和雇主分摊。其中,前 390 天的薪水为原工资的 77.6%,后 90 天为固定薪水(每天补助 180 克朗)。这都意味着巨大的国家投入。据统计,这五个国家每生一个孩子的休假支出占国家人均 GDP 的 53%(2005 年数据)。相应的,这五个国家儿童照料和学前服务的公共支出占 GDP 的比重分别是2.7%(丹麦)、1.5%(芬兰)、1.1%(冰岛)、1.6%(挪威)、1.9%(瑞典)。

此外,性别平等也是北欧国家父母育儿政策设计的考虑因素,父亲有

---

① O. Thévenon:"Family Policies in OECD Countries:A Comparative Analysis",*Population and Development Review*,Vol. 37,No. 1(March 2011),p. 57.

权享有特定的陪产假。1993年,挪威在父母假中首创配额制。配额制是指在父母假中指定一定时间,只配额给父亲。父亲不休假则作为放弃权利,不能转让给母亲。除丹麦外,北欧四国均实行这种配额制,但形式并不统一。瑞典于1995年开始推行,法律规定16个月带薪产假中有三个月必须由父亲享有。冰岛的配额制采取"3+3+3"模式,即在孩子出生之后的18个月中,父母可以享受9个月的父母假,其中3个月给母亲,3个月给父亲,另外3个月由父母双方自行分配。

第四节　日本、北欧国家的企业友好型政策

一、日本的企业激励政策

为了向全社会宣传及推进落实"让女性兼顾工作与生活"的方针,日本政府采取了一系列鼓励企业配合政府积极落实女性平等就业政策的做法,包括物质奖励和精神奖励,以此改善女性的就业坏境。在物质奖励方面,日本政府将于2016年4月起,正式实施对于积极配合政府的企业,在国家项目招标中给予优惠政策。具体来说,在参与国家项目招标时,对于管理职位中女性比例较高或男性职员积极休育儿假的企业,政府将根据一定的标准予以加分。日本官方在督促企业实施育儿休假制度的同时,定期组织举办企业管理人员研修班,设立普法指导员,发放"育儿休假奖励金""企业内托儿补助金"以及"育儿休假人员复工程序奖励金"等物质奖励,推动企业积极主动地落实育儿休假制度,设立企业职工子女保育设施,促进女性再就业。另外,1995年日本厚生劳动省将每年的10月定为"工作与家庭思考月",在宣传月中主要宣传兼顾育儿的短时间工作制度

以及育儿休假制度,厚生劳动省评选和表彰那些能够积极制定各项措施,为职工提供多样化工作方式,从而能使职工兼顾工作与家庭的"家庭友善企业"和"推进均等兼顾企业"。针对"男主外、女主内"的传统性别分工观念,日本政府将每年的 10 月定为"男女雇用机会均等月",在均等月期间,厚生劳动省以及其他相关机构,联合企业、媒体和劳动团体开展各种活动,宣传在雇用领域男女权利和机会平等,督促企业采取积极行动为妇女提供发挥其才能的机会和条件。1994 年日本开始实施"男女共同参与宣言都市奖励事业"项目,评选那些积极参与宣传男女共同参与的地方公共团体,并对优秀者予以奖励。此外,日本政府还规定每年的 4 月10 日至 16 日为"妇女周",开展各种活动,以此推进性别平等政策的实施(胡澎,2010)。

二、北欧国家的性别配额制度

性别配额,指男女在一些社会领域都应占据一定的比例。其中最早将配额制作为促进女性在企业地位提高的国家仍然是挪威。早在 2003年,挪威议会通过了包含董事会性别配额制的《挪威公共有限公司法案》(*Norwegian Public Limited Company Act*)。该法案规定:"如董事会由两名或三名董事组成,则两种性别均须有代表";"如董事人数超过九名,则每个性别的代表比例均须达到 40%"。这一条款于 2005 年正式生效,要求所有在挪威国内上市的有限责任公司都必须遵守:其中,新注册的公司必须在 2006 年 1 月前完成整改;已注册公司最迟的整改期限不能超过 2008年 1 月,否则就会遭到制裁。其后出台的《挪威会计法案》(*Norwegian Accounting Act*)也要求公司必须披露自身的性别多样化情况。这一制度推行后成效明显。2012 年《董事会中的女性》(*Women On Boards*)报告显示,挪威的女性董事总比例已达到 36.3%,目前这一比例已上升至

40.1%,高居世界第一。当下包括法国、比利时、荷兰、意大利等在内的多个欧盟国家也都引入了类似的董事会性别配额制,且这一趋势还在逐步扩展。2014年12月11日,德国政府也正式出台了"女性配额"法案,决定以立法形式规定大型企业和联邦政府部门管理层中的女性比例,并要求从2016年起,德国100家大型企业监事会新成员中的少数性别(通常为女性)比例须达到30%,如达不到,相应岗位则保持空缺。欧盟层面没有以立法的形式强制性引入性别配额制,但也鼓励企业单位自愿实现配额制度以提高女性配额比例。配额制度回应了部分国家提高女性市场参与的需求,在一定程度上打破了职场女性面临的"玻璃天花板",提升了女性就业空间,同时也改变了人们的思维方式,尤其是对性别平等理念的深化具有显著意义。但也要看到,这种制度扎根于特定的社会文化,同时也需要其他政策的辅助。

第五节　小结与讨论

日前衡量一个国家或地区性别平等状况的指数有很多,国内近几年对世界经济论坛发布的"全球性别差距指数"(The Global Gender Gap Index)的排名比较认可,学术引用也较多。全球性别差距指数分别从经济参与、教育程度、健康与生存、政治参与四个方面衡量一国或地区的男女所得机会的差距状况。得分越接近1差距越小,性别平等程度越高,得分越接近0差距越大,男女越不平等。如表5.1梳理了本章所借鉴国家的性别差距排名,瑞典、冰岛、挪威、芬兰等这些北欧国家从2006年以来一直都处于世界前五位的位置。2017年,英国性别差距排名第15位,美国名次稍微居于中间,排名49位。日本由于在经济和政治等领域中男女差距极大,排名一直以来都比较落后,且处于持续下降的状态。

表 5.1　2006 年和 2017 年部分国外国家性别差距排名及指数

国家	2006		2017	
	排名	评分	排名	评分
冰岛	4	0.7813	1	0.878
挪威	2	0.7994	2	0.83
芬兰	3	0.7958	3	0.823
瑞典	1	0.8133	5	0.816
英国	9	0.7365	15	0.770
美国	23	0.7042	49	0.718
日本	80	0.6447	114	0.6570

资料来源:2006 年和 2017 年《全球性别差距报告》。

　　总之,男女同工不同酬、就业中的隐性歧视、背负家庭与工作的双重负荷等问题是全球女性平等就业过程中面临的巨大挑战。它形成的原因涉及方方面面,既有一定的个性,同时又有一定的共性。其中各个国家特殊的文化和传统、政治形态、经济发展水平等是个性因素,因生育这一生理问题引起的性别歧视则是导致女性就业不平等的共性成因。通过梳理和对比以上不同国家和地区的做法,可以得出,这些国家和地区在女性生育和就业过程中分摊育儿成本的做法,值得我们借鉴。另外,美国和英国在抑制和促进女性平等就业方面的立法,不仅涉及女性由生育引起的歧视问题,也有关于女性家庭和工作平衡的法律保障措施,具有很好的借鉴意义。

第六章 以政策均衡促进女性平等就业的对策建议

现有的部分研究已经证明,中国女性劳动参与和生育行为之间存在正相关关系。换言之,女性就业的稳定和保障是提高生育率及落实二孩生育政策的前提之一,而且女性自身的发展特别是平等就业状况也是一个国家文明进程的重要内容和主要指标。因而,全面二孩政策的实施,必须在帮助女性实现工作与家庭的平衡,兼顾女性自身发展的基础上,才能得以顺利执行。

生育政策和就业则是社会化和市场化的产物,但是生育的逻辑本身不应该仅仅是按照政策生育,而是公共政策需要通过配套服务和社会支持服务于人口的生育和家庭生活(任远,2017)。因而,全面二孩政策不仅仅是一个允许家庭生育第二个孩子的问题,更是一项联动的社会公共政策,仍需要在遵行市场运行规律的基础上有其他公共政策、公共服务的配套措施,对生育行为形成肯定和支持,保障家庭、女性以及新生儿的权益。在亨廷顿看来,一个政治共同体的社会政治组织和程序的力量,取决于该组织得到支持的范围大小和制度化程度(塞缪尔·亨廷顿,1998)。所以,全面二孩政策的有效执行,不仅需要相关配套政策的支持,更需要这些支持形成拥有持续推动力的制度系统,以使得政策各层次形成完整传递和共享的链条。

生育是女性的自然生理属性,就业是女性的经济社会属性,两者不可分割地统一在一起,才能形成完整意义上的当代女性。因此,制度化建设的重点要从以下几个层面着手。首先,要树立均衡两类政策,协调国家与女性个体利益的导向;其次,要进一步加强法律政策的建构,为消除女性就业歧视提供完备的法规保障;再次,需要加大家庭支持政策的形成,为女性平衡工作与家庭提供解决之道;最后,还需要在全社会加强社会性别观念的融入,以实现两性在经济社会各个领域的真正平等,从而也形成化解女性就业不平等和"二孩背景"下女性其他困境的政策力量。这四个层面上完整政策链条的形成,也意味着全面二孩政策自身及女性平等就业政策之间达成了一种政策均衡,形成了一种政策合力,推动二孩生育率与女性就业发展率的同步增长。

第一节　均衡两类基本政策,协调各方利益

一、注重两类政策的均衡协调

要实现生育政策和相关公共服务政策的均衡协调,其前提是两类政策要形成协调的政策体系。一方面,要实现两类政策的有序发展。目前的生育政策和公共服务政策,二者基本上还处于不够均衡的状态。全面二孩政策的不够均衡性体现在,从二胎政策出台后的二胎生育率看,二胎政策的放开似乎错过了最佳时机,这与部分学者及官员对生育政策所持的保守与谨慎有很大关联,从而导致政府对二胎政策放开时间较实际需要有所滞后(刘筱红、余成龙,2018)。从公共服务政策发展的不够均衡性来看,目前各类公共服务政策发展主要以直接支持、鼓励生育的社会保

障类公共服务为主,但中央和地区之间,地区与地区之间,存在一定的差异性。对生育政策的调整来说,"完全放开生育"的提法不失为一种弥补当下"滞后式"无序生育政策的解决方案,但更重要的是建立在对生育自由和权利的尊重基础上生育行为的落实。此外,相关配套政策的发展也应该全面、有序跟进。据全国妇联在 2017 年 1 月 1 日发布的一项调查报告结果显示,半数受访家庭无二孩生育意愿,是否生育二孩,80%的父母首先考虑公共服务因素。穆光宗表示,政策如果只是笼统鼓励生二孩,却没有从公共服务和相关细则上给予配套支持,那么实际的政策效应可能与政策初衷相违背。而且,鼓励二孩生育也不应该只是延长产假,二孩政策的系统化、配套化是当下研究的重要课题。因而,应该以社会保障政策为切入点,发展和探索更加全面、完备的公共服务政策,二者的均衡发展也是形成严格的组合秩序和发挥政策合力的基础。

另一方面,要实现两类政策有效的分级控制。只有环环相扣,层层衔接,人口基本国策才能运转自如。首先,全面二孩政策出台后,在相应的法律法规、政府工作报告、人口发展规划方面,要重点明确对生育行为的规定及持续性关注,这是保障计划生育基本国策"上位"定位的表现,也是相关公共服务发展的指导规范。此外,相关公共服务政策也是相互关联,配套而动的。如若只从延长产假方面考虑鼓励生育,其对企业人力资源成本的增加以及对女性就业产生的干扰,必然使得单独延长产假的做法失去刺激生育的实质意义。因而还应通过税收、就业或者其他方面的公共服务,平衡女性和企业的利益以配合生育政策。同时,鼓励"生",也要考虑"育"。这就需要在教育、医疗卫生、住房以及家庭税收方面有所保障。因此,只有保障计划生育基本国策的基本政策地位,同时其他政策较好地实现与计划生育政策的协调和配套,政策之间抵消冲突的情况得到有效规避,才能够围绕计划生育政策目标的实现形成强大的政策合力。

二、协调各方利益

生育政策既涉及国家发展利益,也涉及亿万家庭,尤其是育龄女性的利益。2017 年,傅莹谈及全面二孩政策对女性就业影响时表示:"对于女性的个人价值和家庭收入来说,职业非常重要,'妇女能顶半边天',不过,道理很丰满,现实可能很骨感。"可见,虽然全面二孩政策从优化人口结构,促进家庭幸福和谐的角度而言是一项利国利民的公共政策,但对女性的利益特别是就业权益形成了不小的冲击。实际上,由于女性的特殊生理属性和家庭传统分工的惯性,生育所伴随的高昂机会成本贯穿女性整个职业生涯,包括入职、升迁乃至终身职业发展,生育对就业的这种消极影响,反过来也会作用于生育行为本身。因而,全面二孩生育政策能否达到预期效果,关键是由女性的生育意愿决定的,但生育对就业的影响也会阻碍女性的生育行为。那么,二孩政策中女性平等就业权益的保护就成为保证政策实施效果的重要环节之一。而且,当下所推行的全面二孩政策,虽然也属于国家计划生育政策,但无论是从政策本身还是内在逻辑来看,都已不具备 20 世纪七八十年代以国家强制力作为后盾执行的条件。当前,时代的进步、女性受教育程度的提升,以及女性社会主体意识进一步觉醒,国家也很难再从"实行计划生育是公民应尽的法律义务和责任"的角度去鼓励生育,而且,生育对女性而言也绝非是一种义务。因此,政策设计本身只有融入更多的平等的价值理念,尊重和关注女性的权益,妥善考虑和消解政策带来的风险,才能充分调动女性的生育积极性,才能保证生育政策的生命力。

对此,我们应该首先从"权利"而非义务的角度,来肯定生育的自然权利属性。在政策制定上,要尊重女性生与不生,以及生育几个子女的自由。当下的全面二孩政策,虽非强制性的鼓励导向,但对女性而言,依然是一种束缚。其次,国家利益和公民权利是可以统一的。可以通过对愿意生育的女性和家庭的关爱,以及将女性的生存与发展问题融入国家对人口问题的公共治理层面,将国家利益与女性个人利益相结合。具体包括在与生育政策相关的公共政策讨论中充分考虑性别风险,增加女性的观点,相关法律条款中更要识别和突出对女性和家庭权益的维护,重视女性的个人发展等。当女性的社会地位提高,权益获得保障,女性的工作机会及工资待遇等各方面不受生育干扰的时候,她们的生育率通常才会提高。

第二节　完善就业相关政策,保障女性平等就业

在很长一段时内,我国对女性平等就业权的推动,主要依靠国家层面推动的男女平权运动。目前而言,女性虽然保持较高的劳动参与率,但在平等就业方面,依然面临一些困境。通过对二孩背景下女性平等就业现状的分析发现,二孩政策加剧了女性的入职难度,增加了女性工作过程中由生育问题引起的各种歧视的发生。这些问题的存在,主要原因仍在于我国女性平等就业法律程序保障还不够完善,对此,具体还需要从以下三个方面给予完善。

一、制定反就业歧视法

在反对性别歧视,促进女性平等就业的法律保障方面,我国已形成了一定的积累和实践。《中华人民共和国宪法》首先就规定了"男女平等""同工同酬"的主基调。《劳动法》《就业促进法》《妇女权益保障法》也都明确了禁止就业歧视法律原则。但这些法律规定对反性别歧视缺少实际

程序上的保障和实施机制,操作性、指导性还需进一步提升。

　　因此,我们应该尽快形成和出台专门的《反就业歧视法》。在这部法律中,一方面要对就业性别歧视的定义、标准、分类进行明确。目前的司法实践多是以被歧视者损失的程度作为是否立案及判决的标准的,标准比较模糊,难以量化,且就业性别歧视进入到司法程序后,举证环节容易成为难题。在这一点上,欧美国家对就业歧视形成的直接歧视和间接歧视的认定体系比较值得借鉴。女性因为性别受到的不利对待就是直接性别歧视。间接歧视则表面看似出于中立原则,实际却对较高比例的女性构成了侵害,且这种损害却不能以与性别无关的理由证明为正当。在明确规定直接歧视和间接歧视的基础上,配合"立案举证责任倒置原则",也可以对当前女性就业歧视的一大难点——"隐性歧视"问题形成进行治理。举证责任倒置将举证责任交给用人单位,受害人只要提出用人单位有就业性别歧视嫌疑,举证工作就要由用人单位来进行,他们需要举证说明自己不存在性别歧视行为,并阐明对受害人实施相关行为的理由。一旦举证不足或者说明不正当,用人单位将会受到相应处罚。以此化解女性劳动者的弱势地位,更好地保护女性劳动者的权益。

　　另一方面,要对政府的监管方式和职责、处罚力度等作出明确的规定。长期以来,行政部门对就业歧视的监督还存在不足。根据《劳动法》《就业促进法》等法律的相关规定,劳动行政部门对就业歧视问题负有监管职责,但由于相关细则不够明确,这一条款在实际生活中的运用不充分。在对就业歧视进行处罚方面,由于没有具体处罚的标准,各地行政部门所做出的惩罚措施不管在形式上还是程度上都具有一定的差异性。有的仅以"删除招聘广告"作为处理性别歧视的惩罚措施。对歧视主体处罚力度不够,无法很好起到惩戒违法者和保护受害者的作用。因而,应根据当前经济社会形势的变化,在《反就业歧视法》中明确与就业歧视相关方的法律责任,增加和明确就业歧视的政府监管部门及监管责任,结合就业歧视的标准和分类,对违法用人单位的责任以及惩罚标准进一步细化,特别是应详细规定用人单位实施就业歧视要承担的民事、行政和刑事责任。同时建议增加惩罚性赔偿责任制度,加大用人单位违反法律成本,震慑就业歧视行为的发生。

二、完善就业法律法规

我国当前促进女性平等就业的法律设计中,还具有明显的对女性实施特殊保护的特点。这主要体现在,一是设定了女性的职业禁忌。如《妇女权益保障法》《劳动法》《女职工劳动保护特别规定》都规定:"任何单位均应根据妇女的特点,依法保护妇女在工作和劳动时的安全和健康,不得安排不适合妇女从事的工作和劳动。"二是保护女性在特殊生理期的合法权益。这主要是针对女性"四期"而言的。1953 年《中华人民共和国劳动保险条例》规定对生育期间的女工正常发放工资。《妇女权益保障法》《劳动法》《劳动合同法》《女职工劳动保护特别规定》都对减少和解决女职工在劳动中因生理特点造成的特殊困难作出了特别保护和规定,明确指出,用人单位不得因女职工怀孕、生育、哺乳降低其工资、予以辞退、与其解除劳动或者聘用合同。

职业禁忌和对女性生理期的特殊就业规定,固然是出于保护女性的初衷,但在现实生活中"适合女性特点""不适合女性"等字眼,以及对男女生理差异的过度关注,虽然没有原则性错误,却会让用人单位形成"女员工不好安排""太娇气"等误解,容易强化了女性不如男性的刻板印象,造成"以女性的生理弱点为基础的特殊劳动保护制度方面不可避免地有性别偏见的烙印"①,职业保护沦为造成女性遭遇劳动力市场歧视的因素

---

① 李洪祥:《"二孩政策"下保护女性就业权立法完善研究》,《社会科学战线》2017 年第10 期。

之一。而且这些用语也比较模糊,加上在工作实际中缺少相关配套政策和责任后果的认定,这些规定不但在保护女性方面实施不力,也无法真正形成对用人单位歧视女性的约束。"中国法律侧重于对就业女性的特别保护。然而,在体现机会平等的法律规范体系尚未建立的情况下,仅仅立足女性与男性的差别对就业女性进行特别保护不过是父爱似的关心罢了,只会强化社会对女性的歧视,无助于女性就业权的平等保护。"①对此,要根据时代的变化,逐渐对这些法律术语和法律条款的内容及阐释方式进行调整,略去一些容易引起歧义的字眼,清晰界定相关术语,对"不适合女性工作"等较模糊说法,通过制定相关标准和细则的方式,具体列示出不适合女性或会对女性员工健康造成影响的工作岗位、工作环境、工作时段清单,以此增加对女性保护的客观说服力,提高法律的可操作性。总之,要在特殊保护与性别平等并重的基础上,划清特殊保护和"公平""平等对待"的界限,减少对女性的误解,回归法律对女性保护的本意。

三、强化反就业歧视机制

《中华人民共和国就业促进法》第六十二条规定,实施就业歧视的,劳动者可以向人民法院提起诉讼。但在我国有关性别歧视的案件并不多,这并不是说我国遭遇性别歧视问题的女性就比较少。大多数女性之所以会选择沉默,一方面在于中国女性很少有人了解自己的权利,她们不懂得使用法律武器保护自己的合法权益;另一方面是维权成本太高,包括时间、金钱、精力等成本。如2012年的"性别歧视第一案"从提起诉讼到终获受理,历时超过一年。过程耗时之长,一般当事人都难以承受。由此可知,就业歧视案件与当前我国的司法体系还有一些不适应性,就业歧视

---

① 郭延军:《发展中的美国女性就业权平等保护》,华东政法大学博士学位论文,2010年。

诉诸司法在中国还不够普及。

　　除司法途径之外,目前女性在就业过程中遇到歧视,比较常见的维权方式是向劳动仲裁机构申请调解、仲裁和向劳动监察部门以及各级妇联组织投诉。《妇女权益保障法》规定:"妇女的合法权益受到侵害的,可以向妇女组织投诉。"由妇联、劳动仲裁机构、劳动监察这些组织或机构形成的维权平台看似比较全面,实则比较分散,在适用对象上(如未工作的和已工作的劳动者)也存在一定的差异,有可能会导致女性劳动者在维权时有些无所适从。另外,各个机构性质不同,特别是妇联、工会这些群团组织,它们处理就业性别歧视的强制力不够,且执行标准不统一,导致在具体执行效果上存在差异,对反性别歧视难以形成统一的监管和把控,反歧视的功能较弱。因此,有必要借鉴国际上比较通用的做法,设立反就业性别歧视专门机构,对《反就业歧视法》进行执行,对就业歧视行为进行统一协调、规范。

　　从国外的立法实践来看,为了实现性别平等,一些国家和地区成立了专门的保障就业公平的机构,我们可以借鉴这一经验,建立类似于就业机会平等委员会的反就业歧视专职机构,相当于开辟绿色通道,专门处理就业歧视问题,更加有效地保护公民平等就业权利。我国的反就业歧视机构也应该具备一定的独立性,由法律赋权。为了保证监督的全面性,尤其是对地方政府可能实施的就业歧视也能施行监督,在机构设立和运行的经费来源上最好由中央政府、社会等共同出资划拨,减少对政府财政上的依赖,进而保证工作开展不受牵制。在人员构成上,该机构属于综合性、第三方的部门,机构的成员可由来自多个部门的人员组成,但必须都具备相关专业资格。在机构人员任命资格上,也应该谨慎考虑。在具体职能上,一方面,该机构向公民提供必要的法律咨询服务,如依据《反就业歧视法》,对就业歧视行为进行认定和解释,实行就业歧视案例"零门槛"原则,接受关于就业歧视的投诉并开展调查。任何公民只要在择业或就业过程中,感到自己遭遇了歧视,都可以向反就业歧视机构进行投诉。另一方面,该机构应该拥有举证和听证的权限。在举证环节,要坚持保护弱者的原则,让被告履行更多的举证义务。特别是面对隐性歧视越来越难以识别和处理的问题,更要将举证责任交给被告。调查过后,还需要举行听证。在听证过程中邀请双方当事人、证人及相关专家到场,听取双方当事人公开的陈述和辩论,并结合专家意见,形成对案例的具体裁决方案。但该裁决不具有法律约束力,必须申请人民法院强制执行,如果当事双方对裁决方案不认可,还可委托该机构直接向人民法院请求诉讼。

建立专门的反性别歧视机构,受理和处理女性的申诉、上访、调解及仲裁,并代理女性向人民法院提出诉讼。二孩政策放开后,女性在劳动力市场上或将面临严峻的歧视挑战,因而,要借助法律手段给予强有力的保护。一方面,要形成反就业歧视的专门法律,完善促进女性平等就业现有法律;另一方面,建立一个专业、有针对性的反就业性别歧视机构,它可以在女性权益受到侵害时对女性起到更好的救济作用。二者共同形成保护女性在经济领域平等地位的保护网。

第三节　加强公共服务政策,解除女性后顾之忧

恩格斯提出:"在每一个社会中,女性解放的程度,是衡量总的社会解放的天然尺度;并提出了妇女解放的三个先决条件:'妇女解放的第一个先决条件就是一切女性重新回到公共的事业中去',实现在经济上不依赖于男性;妇女解放的第二个先决条件是必须依靠现代大工业,即只有在生产力高度发达的现代化的工业化社会里,女性才可能获得真正意义上的解放;第三个先决条件是家务劳动的社会化,把私人的家务劳动溶化在公共的事业中。"

当下,教育层次的提升和时代的发展,使得中国女性在职场中扮演着越来越多且越来越重要的角色。经济独立也日益成为新时代女性的标签。但女性经济角色的改变并没有对其家庭角色产生太多影响,女性仍旧是家务劳动和孩子照料的主要承担者。且随着二孩政策的放开,女性又将面临这一绕不出的沉重负担:再次生育必然意味着女性在家庭中将要花掉比以前更多的时间,这让用人单位对女性避之不及,女性就业环境恶化;而一般家庭女性又需要继续工作来分担家庭养育经济负担,为了不失去工作,女性只好选择在家庭和工作中艰难平衡。但繁重的家务负担和照料子女的责任必然牵绊和干扰女性职场能力的发挥,从而导致用人单位对女性的偏见,使得女性职场处境更加不利,女性进而面临退出劳动力市场的风险,或是继续维持工作与家庭两难局面的处境。因此,家务劳动的束缚,制约着中国女性走向彻底的解放,也导致二孩政策下女性又将重新面临家庭与工作、身体与心理的多重考验。

社会支持理论认为,个人可以通过从他人或团体等社会关系网络中获得资源,来缓解源于工作和生活的压力与冲突。[1] 现阶段我国女性的二孩生育行为具有正向外部性,女性为生育付出的成本不应由女性个体来承担,政府应当通过给了相应的补偿或权益保障进行分担和支持。《经济、社会、文化权利国际公约》第十条明确规定:"对作为社会的自然和基本的单元的家庭,特别是对于它的建立和当它负责照顾和教育未独立的儿童时,应给以尽可能广泛的保护和协助。"国际劳工组织156号公约第3条第1款指出:"为了促成男女工人切实的机会平等和待遇平等,每一成员国均应以此作为其国家政策的目标,即使就业或希望就业的有家庭负担的人能够行使其就业的权利,而不受任何歧视,并且在可能的范围内不使其就业与家庭负担发生抵触。"国际上很多人口变化趋势以低

---

① 白海峰等:《职业女性工作家庭冲突、社会支持和幸福感的关系研究》,《金融经济》2006年第12期。

生育率和人口老龄化为主的地区,都逐渐实行更多公共政策帮助促进妇女实现家庭和事业的平衡。① 由此可见,国家必须加大对女性在家庭和工作领域的政策关切,且政府、企业、家庭都应成为这种政策关切的主体,合力形成对生育所附加于女性的成本的替代和补偿,以减轻女性工作与生活的压力,保持和增加女性劳动参与,同时也以此保证二孩生育政策的效力。

一、加强公共服务的供给和保障

《消除对妇女一切形式歧视公约》第十一条第二款规定:"缔约各国为使妇女不致因结婚或生育而受歧视,又为保障其有效的工作权利起见,应采取适当措施:(c)鼓励提供必要的辅助性社会服务,特别是通过促进建立和发展托儿设施系统,使父母得以兼顾家庭义务和工作责任并参与公共事务。"鼓励以社会服务的形式,帮助劳动者兼顾工作与家庭。中共十八届五中全会公报在提出全面实行全面二孩政策的同时,也建议提高生殖健康、妇幼保健、托幼等公共服务水平。相关专家学者也热切呼吁:"二孩政策,公共服务先行","二孩时代来临,公共服务要跟上"。国家加大对相关公共服务的投入,可以将生育成本社会化,降低家庭生育成本和负担,减少女性和家庭的育儿顾虑,进而调动育龄人群的生育意愿。目前需要强化的与二孩政策密切相关的公共服务包括教育、医疗、住房、社会保障、就业等,特别是托幼服务、医疗服务、社会保障方面的改革和供给。

首先在儿童托幼方面,我国大部分幼儿园都只接受 3 岁以上儿童,面向 3 岁以下婴幼儿的托儿所、托儿班的数量不足,无法满足一些家庭对婴幼儿日间照看的需求。从母亲休完产假到幼儿 3 岁入园,中间还有两年

---

① 郑真真:《实现就业与育儿兼顾需多方援手》,《妇女研究论丛》2016年第2期。

多的时间仍需要看护。虽然有些家庭会选择请父辈帮忙照料,但随着当下育儿理念的改变,对专业化的托幼需求在大幅增加,尤其是全面二孩政策放开,很多生育二孩的家庭,祖父母其实也都难以再承担起帮忙照顾幼儿的职责,因而,当下加强和完善托幼系统,特别是 3 岁以下的托幼服务至关重要。对此,政府需要加大财政支持力度,教委、卫计委、社区等相关部门也需要对改革和完善托幼服务承担起重要责任。第一,在对人口变动趋势和托幼需求进行科学预测分析的基础上,根据缺口,由政府出资新建或扩建高质量的公立托幼机构。认真做好规划,严格把控质量,增加可容纳数量。第二,引导社会力量发展托幼服务。推行私立托幼机构普惠政策,进一步提高普惠性民办幼儿园的比例,落实好民办托幼机构和幼儿园在土地、建设、税收、审批登记、教师培训等方面的优惠政策。同时对市场现存的托幼所、幼儿园等机构进行规范、整治,全面落实合法经营、卫生安全等检查,让家庭放心和信任。第三,还可通过盘活社区幼儿园、组织社区出资兴建妈咪屋、倡导社区家庭间在接送孩子等事项上进行联合互动等措施,借助社区的力量,分担女性养育压力,减少女性就业时间折损。由此,形成教育、卫生、社区和托幼机构共同参与的多形式、多类型、灵活多样的托幼支持服务体系,满足人民群众在此方面日益增长的需要。

在医疗服务上,政府应在人口峰值到来之前,兴建、购买或利用社会资源,加大相关服务设施供给。如充分发挥儿童专科医院、综合医院儿科、社区卫生服务中心和妇幼保健机构的协同优势,或者鼓励社会资本积极参与共同加强儿科建设。

在生育保障制度方面,一方面,我们可以建立健全生育保险制度,完善生育保险与医疗保险合并实施的办法,逐步扩大生育保险的覆盖面,将生育保险有效覆盖到个体、私营、外资等非公有制企业以及女性自主创业者、非正规就业女性等,让更多的育龄家庭和女性切实享受到生育福利。进一步提高生育保险中分娩费用的报销比例,尤其是针对高龄产妇、早产、难产等特殊分娩情况制定不同层次的报销比例,降低生育二孩家庭负担。① 另一方面,要对生育二孩的产假、陪产假作出具体规定。《女职工劳动保护特别规定》第七条规定,女职工生育享受 98 天产假,晚育产假、陪产假则由各省、自治区、直辖市根据本省计划生育条例规定。但目前并没有明确"二孩"产假、陪产假的具体规定。有些地方生育二孩的产假直接按"晚育假"执行,但全国各个地方的晚育假天数不统一,如福建的计划生育条例最高增加了 82 天的晚育假,而全国大多数省市增加的天数为 30 天,差距较大。在陪产假上,各地也不一样。最短的陪产假有 7 天,最长的则有 1 个月之久。容易导致地区之间的不平等。此外,不少地区将晚育范围确定为已婚妇女 23 岁(或 24 岁)怀孕生育第一个子女的情况,将生育二孩排除在晚育范畴之外,因而生育二孩的产假就只有 98 天。对此,针对二孩的具体产假还应该作相应具体、统一的规定。此外,不但要考虑延长男性陪产假,还要借鉴国外所推行的父母假中指定一定时间只配额给父亲的产假配额制,设立男性带薪育儿假,并规定此待遇不可以转移给配偶享受。中国生育保险关系中,无论男女职工,用人单位都为其缴纳了生育保险费。因而,根据权利与义务相一致原则,男职工应和女职工一样被赋予育儿假等权利。此举不仅有助于夫妻双方共同分担幼儿照料负担,同时使得用人单位无论招聘男性还是女性都需要付出由生育带来的成本及相应的责任,借此也可间接弱化对女性的性别歧视。已有研究表明,那些实施成功的促进生育政策都是能推动夫妇双方共同承担照料孩子和家庭责任的政策,而不是仅仅对有生育的父母实行大幅补贴的政策。②

① 王志章、刘天元:《生育"二孩"基本成本测算及社会分摊机制研究》,《人口学刊》2017年第 4 期。
② 涂肇庆:《生育转型、性别平等与香港生育政策选择》,《人口研究》2006 年第 3 期。

二、鼓励企业创造家庭友好型就业环境

性别平等是国家的责任和承诺,但劳动平等权的实现在政企分离之后,只靠政府是远远不够的,还必须加强企业的责任。企业是市场经济的重要组成部分,是育龄家庭就业的主要承载方,因而企业在促进女性平等就业,保障二孩政策实施方面,也要积极履行相应的社会责任。

政府既要监督和约束用人单位严格执行国家政策,公平对待有生育二孩意愿且已经生育二孩的女性,同时也要考虑到用人单位特别是企业是自负盈亏的经济实体和市场主体,它们也面临一定的市场竞争压力和生存压力。企业为女职工缴纳生育保险、提供产假等,已是对生育成本的分担,因而在强调企业责任的同时,还需要通过补偿和奖励等经济措施,分摊企业承受的女职工育儿成本。一是政府可以运用税收优惠等政策,鼓励企业要积极落实《企业职工生育保险试行办法》和《女职工劳动保护特别规定》等政策法规定期为女职工足额缴纳生育保险费用,或是政府按照一定比例在财政收入中提取资金用于配套支持企业生育保险缴纳,将生育保险由企业独自负担变为社会共同承担,以减轻企业资金的压力。对育龄期女性职工带薪休假期间需要用人单位缴纳的社会保险费用给予适当的补贴,可考虑从社保基金中根据用人单位女性员工数量进行一定比例的划拨,以进一步减少用人单位为女性生育承担的经济成本。二是对女性哺乳期的误工进行社会化补偿,如对照常支付女性员工在生育和哺乳期的福利待遇的经营性企业,从税收中进行减免,或者借鉴国外一些国家的经验,产妇带薪休假的"薪",直接由政府财政进行拨付。此外,政府还可参考一些欧洲国家的"性别配额制",鼓励企业实行配额制度。如2012年欧盟委员会提出到2019年年底欧盟上市公司中层和高层管理者中女性占到40%的目标。目前,世界上已有100多个国家在政府领域和

商业领域都采用了性别配额制,实践也已证明实行性别配额的企业普遍只有较少的劳动力流失,同时还提升了公司整体的就业水平。因而,我们可以在国有企业或大型上市公司进行试点,尝试对其招录女性员工人数或占比进行一定的设限,对高于一定标准的企业,进行一定额度的财政奖励,以这种"积极歧视"的形式体现对女性的保护和促进女性平等就业。

企业自身也要积极营造家庭友好的单位氛围。要积极探索制定员工家庭休假和弹性工作制,特别是给予有 3 岁以下儿童需要照料的男女员工,给予弹性工作时间的制度安排。这一制度时间和地点的灵活性可以使职场女性兼顾工作和照料孩子,很好地解决职场女性"时间贫困"的问题。这在一些具有弹性工作制度的单位(如学校)也已经得到很好的证明。国内外的调查也都显示,职场妈妈最关心的就是弹性工作时间。特别是在二孩政策背景下,这一制度甚至被誉为"企业给女职工最好的福利"。在这种制度支持下,不仅员工会较少地经历工作—家庭冲突,更好地分担家庭责任,同时员工的工作满意度和忠诚度也会更高,有利于企业人力资源积累的连续性。政府也要大力宣传并鼓励企业实行这种用工制度。

三、改变家务劳动的传统负担模式

根据 2010 年第三期全国妇女地位调查数据发现,我国城镇双职工家庭家务劳动的主体依然是女性,女性做家务的时间是男性的 2.4 倍。①当前,我国传统的"男主外、女主内"的劳动分工模式,已转变为女性既要参加市场劳动,又要负担家务劳动,也即内—外二元的劳动参与模式,而男性则依旧延续着"主外"的一元劳动模式。女性劳动参与率的提升反

---

① 佟新、刘爱玉:《城镇双职工家庭夫妻合作型家务劳动模式——基于 2010 年中国第三期妇女地位调查》,《中国社会科学》2015 年第 6 期。

而使女性陷入更加不平等的处境。全面二孩政策放开后,众多女性表示因不堪承受照料第二个孩子的家务劳动之重,于是放弃生育"二孩",或对其产生极大的犹豫。① 家务劳动的这种"女性化"特征不仅是我国传统父权制度的延续,也体现并构成了现代社会的性别不平等。对此需要从家庭和市场两个层面,寻求对女性家务劳动的分化及替代,帮助女性实现真正的性别解放与平等。一方面,在家庭层面要形成分担女性家务劳动的内部支持。从全球范围看,家务劳动分工具有性别不平等特点,只有改变社会宏观上的性别不平等才有可能改变家务劳动的不平等分工。② 在二孩政策背景下,面对二孩政策给育龄女性所带来的生育和职场压力,要继续将社会性别平等意识深化到家庭,改变两性的传统家庭分工安排,重视女性的生育价值和生育的社会价值,转变男性的传统性别角色定位,构建文明和谐的新家庭。首先,家庭要尊重女性选择"生"还是"不生"的决定,给予女性完全的生育自主权。其次,丈夫应树立性别平等和分担家务的理念,主动承担一部分家务劳动,尽可能减轻妻子的家庭负担,从而消解子女养育对其职场发展的消极影响。同时,这也有助于提升婚姻质量,促进家庭、社会和谐。家务劳动的分工模式反映了社会性别平等的状况,男女平等不仅体现为女性参与公共事务,亦需要男性以合作的态度和方式加入家务劳动。和谐家庭的建设不是要回到传统家庭关系模式,而是要迈向夫妻更为平等的关系(佟新和刘爱玉,2015)。现代社会也应大力宣扬家务劳动的这一情感支持功能,激励男性更多地参与家务劳动,帮助女性更好地平衡工作和家庭。最后,有条件的家庭还可发动老人分担儿童照料责任。当然这要建立在尊重老人意愿的前提之下。政府还可考虑对老人分担儿童照料责任的行为提供相应的补贴。

---

① 任然:《家务劳动增加影响女性"二孩"意愿》,《中国妇女报》2016 年 12 月 13 日。

② Makiko Fuwa, "Macro-Level Gender Inequality and the Division of Household Labor in 22 Countries", *American Sociological Review*, Vol. 69, No. 6(December 2004), p. 751.

另一方面,市场方面也要形成对女性家务劳动的外部替代。老龄化和二孩政策已使得当前的家政服务产生了更大的缺口,政府要以老人、儿童托管看护、卫生保洁为重点,大力发展面向家庭的家政服务。当前我国家政行业发展还比较混乱,行业门槛低,价格高,质量也参差不齐,难以满足日益增长的家庭服务需求。政府可以指定专门的家政行业管理部门,配合严格的家政行业准入标准、出台相关行业规章、加大职业培训和市场监管力度等方式,提升家政市场的整体规范性,使广大女性和家庭可以享受社会化大生产的成果,放心购买平价、专业的家政服务,以此形成对女性兼顾工作和家庭的外部有力支持。同时,政府可以逐渐将养老、儿童看护以及相关家庭服务逐步纳入公共服务范畴,发展和创新多种家务劳动的分担形式。

第四节　引导社会性别观念,实现两性真正平等

没有整个社会的性别平等,个别领域的性别平等是难以维系的。因此,女性平等就业应该建立在全社会不断推行的性别平等基础之上,才能稳固而长久。因此,与全面二孩政策相关的法律及配套支持政策的不健全,需要采用更深入人心的理念来推进性别平等。由于生理以及社会观念上的原因,女性无法与男性处于平等的竞争地位。即使法律规定了正式的平等概念,绝大多数女性也会因为社会基于男女角色的传统分工结构对女性产生的偏见或者其家务及监护责任排除了平等的可能。这致使一些人倡议使用更实际的平等概念,其目标在于实现结果上的平等。在此背景下,"社会性别"的概念和理论逐渐形成、发展,并以其极强的实践性和应用性,上升为全球促进性别平等的社会发展战略。

1995 年联合国第四次世界妇女大会明确阐述和宣扬"社会性别主流

化"观点,主张将社会性别纳入所有决策和方案并要成为主流,在政策的全过程,都要将两性的需求和经历、政策对两性的预期影响和实际影响考虑在内。我国是最早承诺社会性别主流的 46 个国家之一,在政策实践中也积极推进社会性别主流化。《中国妇女发展纲要(2011—2020 年)》明确提出:将社会性别意识纳入法律体系和公共政策,促进妇女全面发展,促进两性和谐发展,促进妇女与经济社会同步发展。但目前来看,社会性别主流化理论研究与我国政策实践的整体性、系统性与协调性还要进一步完善。如全面二孩政策也是一项公共政策,但这一政策出台前后,未充分将社会性别问题考虑进去,特别是与政策密切相关的女性在整个政策过程中体现不充分,女性的观点以及对女性的影响考虑比较薄弱,会在政策出台后对女性的就业和社会生活等方面的利益造成影响。对此,需要在全面二孩政策或与其相关的公共政策中,重新理解性别平等和社会性别主流化,以引入性别平等评估机制为重点,对其进行事前、事中、事后全过程的社会性别分析。这既是将性别平等主流化落实到国家公共政策过程的重要途径①,也是二孩政策执行过程中,弱化和消除家庭和市场领域女性所遭遇的不平等对待的长效举措,更是实现性别平等的治本路径。

一、引入性别评估机制

性别评估是政策评估和性别视角的统一。所谓性别评估机制,指的是带有社会性别敏感的评估体系,它要求在评估中能够将社会性别作为一个变量进行考虑,时时注意到男女在参与程度、获得资源、机会、权利、能力和影响力以及报酬和福利方面存在的不平等,并采取措施和行动来增进社会性别平等。通过性别评估机制,可以识别男女两性的不同角色

---

① 薛宁兰:《以良法保善治 以平等促发展——构建新时代的法律法规性别平等评估机制》,《妇女研究论丛》2018 年第 1 期。

和需求,以及政策对两性的不同影响;发现政策中可能存在的性别不平等问题;促进政策目标人群的参与和对话,表达相关利益群体的需求、看法,增加政策的参与性和透明度;指出政策未来合理的发展方向及改进建议。在全面二孩政策推行之前,我国已有"双独二孩"和"单独二孩"的摸索及实践,但并没有引入社会性别评估机制。相反,政策考虑的关键词是人口红利消失、临近超低生育率水平、人口老龄化、出生性别比失调等宏观人口因素。全面二孩政策也延续了这种节奏,容易导致相关政策的出发点完全停留在号召社会公众响应生育政策上,政策的制定和合法性过程中女性的发声不足,政策的目标和效果预期对女性人群的权益关注不够多。以各地延长产假政策为例,这种"缺乏性别敏感的政策设计不仅无益于促进社会平等,而且可能使女性陷入更深的困境"[①]。女性是生育的主体,生育政策和配套政策的设计应该首先对女性群体给予更多的重视和考虑,因此,能够具有性别敏感度的性别评估应该逐渐纳入全面二孩政策的考虑。《中国妇女发展纲要(2011—2020 年)》提出"将社会性别意识纳入法律体系和公共政策,加强对法规政策的性别平等审查",这为我国公共政策领域的性别评估机制提供了顶层指引。此外,与政策评估相同,政策评估分为前、中、后三个阶段,但当前全面二孩政策已经正式落地,性别评估环节在政策前评估阶段已很大程度上被错过,接下来应该从政策的执行过程中,做好性别评估。我们应结合当前全面二孩政策在全国推行的进度及其他实际条件,从空间上,形成全国和地区性的评估工作,从时间上分月度、季度、年度进行评估,形成时间和空间结合的动态性别评估机制,以此发现全面二孩政策的共性和个性问题,并为下一阶段的推进做好调整、修正,在推动政策发展、落实政策预期目标的基础上,保证两性利益均衡和政策价值公平。

①　金舒衡:《社会福利和母职赋权——基于 OECD 国家的福利模式分类研究》,《社会保障评论》2018 年第 3 期。

二、加强女性社会地位的数据统计和监测

对全面二孩政策的性别评估也需要关于女性社会地位状况的监测和统计工作的配合,特别是反映女性劳动力市场地位就业信息的统计与评估。反映女性社会地位的统计数据是把握女性社会发展动态、推动国家和地区提高女性地位的基础,也是政府增加性别决策意识、调整相关社会发展政策的依据。目前我国关于女性社会地位的统计数据基础不够扎实,与就业相关的信息也大都是全口径统计结果,整体还存在着性别统计资料有缺口、指标的性别敏感度不够高、性别统计指标体系不健全等问题。如《中国统计年鉴》在分性别统计类别上信息还不够多,也没有设立一个专门的章节来系统地提供性别统计资料。而其他统计数据,尤其是地区层面关于女性社会地位的信息统计,在统计工作和数据发布时间上存在一定的滞后性,对国家和地区针对相关问题作出判断和分析的参考价值不强,削弱了性别统计在推进社会性别主流化进程中的作用。

对此,政府可以建立健全性别统计和监测评估体系,加强性别统计和性别发展分析。结合调查研究,将健康、教育、经济、社会保障、政治、家庭、妇女发展的社会环境等领域中妇女地位监测评估的重点指标,逐步纳入政府部门的常规统计,不断完善政府性别统计体系,形成专门的性别统计公报,使分性别数据的收集、分析和公布制度化、经常化。要通过女性发展状况和女性地位变化趋势的监测,及时反映各个领域中性别平等的进程与问题,有针对性地解决女性面临的问题,增加政府和非政府组织妇女工作的针对性和实效性。此外,依托国家信息化和大数据的发展浪潮,国家统计局可以进一步改进与有关部门的性别统计工作协调机制,加强部门间资源共享和信息联动,共同致力于中国性别统计工作大数据库的实现,以推动相关社会性别主流化的实现和我国性别平等事业的发展。

第七章 研究结论与展望

第一节 研究结论

兼顾家庭与事业是现代女性面临的一道难题,而实现生育和就业的双赢则是这道难题中的难点。随着二孩政策的实施,女性生育与就业的矛盾更加突出,难题中的难点也更加鲜明、突出。对此,本研究以全面二孩政策为研究背景、以女性平等就业为研究中心,以政策均衡理论为研究视角,在对现有文献进行梳理和述评的基础上,对二孩政策下的女性平等就业现状及其政策影响进行了全面分析,并对国外一些国家和地区在促进女性平等就业和缓解女性工作与家庭冲突的典型做法进行了系统的梳理。最后,针对全面二孩政策失衡的根源和我国的具体实际,提出了促进全面二孩政策走向均衡及女性实现平等就业的对策建议。由此,得出了以下主要结论。

第一,基于政策变迁均衡的分析得出:生育政策变迁均衡对女性平等就业关系密切。本研究结合政策变迁理论,运用政策变迁的动态均衡分析,从历史的纵向维度对我国的生育政策变迁和女性就业发展进行了分析,总结了二者发展的基本走势和经验教训。由于生育政策的变迁涉及国家的人口战略及亿万家庭的利益,需要采用动态均衡的变迁形态,逐步推进。但独生子女政策彻底打破了生育政策的渐进式变迁形态,采用了政策的"突变式"变迁。从政策变迁均衡来评价二孩政策的实施,可以看到:①全面二孩政策虽然采用的是"渐进式"变迁,但并未达到理想的变迁均衡状态。②二孩政策变迁的时间节点滞后,导致二孩政策一开始实施就面临着生育率必须快速提升的巨大压力,这种压力会自然转移到其他方面,尤其是女性平等就业上。③二孩政策变迁本应带来相关公共服务政策的随之变迁,但是二孩政策的配套政策实际上并没有及时跟上,不仅导致二孩生育率与政策预期差距较大,而且对女性平等就业也有所影响。

第二,基于政策系统均衡的分析得出:二孩政策不配套就难以对女性平等就业形成政策合力。本研究在分析"二孩"相关公共服务政策发展状况以及存在的主要问题的基础上,结合新制度经济学动态均衡的演化路径,探讨了全面二孩政策与公共服务政策的失衡机理。研究表明:①二孩政策与配套政策不均衡,可能无法形成解决人口问题的合力,容易产生和加剧女性就业的失衡,导致女性的就业歧视等负面效应。②对自由和权利的追求及捍卫,使得女性就业权益的保障成为推行现行生育政策成功与否的关键,因此法律、政策及公共服务的配套刻不容缓。③从当前二孩背景下的低生育率也可以得出:二孩政策对释放我国当前社会公众的生育意愿已是足够,再从生育政策的尺度放开来刺激生育,虽然是大势所趋,然则实际意义可能不大。因而,当下政策调整的重心,应该转向配套政策的建设和完善上来。通过尊重女性,关爱家庭,在幼儿托管、入园、家庭赋税减免,以及财政保障上,给予愿意生育的家庭和女性以充分的保障,给不愿意或者持观望态度的女性和家庭以信心,才是刺激生育的最好策略。而且只有国家与家庭,尤其是女性个体形成共识、进行共治,成本共摊、成果共享,才能实现国家人口结构均衡、可持续发展和女性就业平等得以保障的双赢。

第三,基于政策效果均衡的分析得出:现有二孩相关配套政策对女性平等就业的促进作用有限。本研究以重庆市为案例,结合相关统计数据,从女性的就业机会、职业地位、职业发展三个层面,对重庆市的女性就业状况进行了较为客观的分析。为了讨论生育政策对女性就业所产生的具体影响,本研究运用自编调查问卷和座谈法,从政策的效果均衡出发,对全面二孩政策下女性平等就业现状进行了实地调查,考察全面二孩政策及配套政策对女性平等就业产生的实际效应。调查显示:①女性就业不平等现象虽然由来已久,生育歧视一直是女性就业歧视的主因,二孩政策下女性就业的不平等现象是当代社会性别不平等现象的延续,但在表现方式和表现范围上,与一孩政策时期有所不同。②二孩政策实施中,生育、生育成本进一步上升为女性就业的矛盾焦点;入职、再就业成为女性就业亟待解决的难点;隐性歧视、隔离歧视现象在女性就业中较为突出;法律、政策及公共服务的配套刻不容缓。③女性就业与生育的二元对立依然存在:一些女性为了就业或为了更好的就业岗位放弃了生育或放弃了二胎;还有一些女性因为生育或二胎遭遇就业歧视。虽然政策放开对刺激生育增长的效果还有差距,但其对女性平等就业带来的负面影响反而随着政策的宽松较为明显。

第四,基于国外相关政策的比较分析得出:完善的公共服务政策可以有效促进女性平等就业。通过比较分析和梳理英国、美国、欧盟、日本等国家和地区促进女性平等就业和缓解女性工作与家庭冲突的典型做法,从中可以看到:①英国、美国和欧盟在促进平等就业方面的立法,涉及女性由生育引起的歧视问题,也有关于女性家庭和工作平衡的法律保障措施。②日本、北欧国家在女性生育和就业中分摊育儿成本,强调男女双方共同分担生育成本和生育压力的家庭支持政策,有利于促进两性在家庭和社会实现平等。③日本和北欧国家在鼓励企业支持男女平等,为女性创造友好的就业环境方面的做法,提升了实现劳动力市场的性别平等的实践性和可操作性。④国外的做法为我国二孩政策下处理由生育引起的就业歧视,以及解决女性就业与生育困境提供了政策借鉴。

第五,基于对策建议的归纳分析得出:政策协调是实现女性平等就业的有效途径。针对全面二孩政策失衡的根源和我国的具体实际,本研究提出了以政策协调促进女性平等就业的对策建议。①均衡二孩政策和相关公共服务政策,协调好国家与家庭、女性个体之间的利益。②完善相关就业政策,尤其是制定反就业歧视法、反就业歧视机制,以确保女性的平等就业。③加强包括就业政策、教育政策、社保政策等在内的公共服务政策,解除女性对生育和就业的后顾之忧。④在女性平等就业上引入社会性别观念,使女性就业平等建立在更广阔的社会性别基础之上,才能实现两性真正平等。

第二节　研究展望

正如本研究在开篇中所说,女性平等就业是一个复杂的社会问题,尤其是它与二孩政策联系在一起,更增加了其复杂性。因此,本研究对于二孩政策下女性平等就业问题研究来说不是结束,而是一个新的开始。未来这方面的研究将更加具有动态性、系统性和深入性。

一是持续不断的动态性研究。2018 年 8 月,《人民日报》发表社评《生娃是家事也是国事》,其观点引发了社会舆论的激烈争论,也受到了学术界的高度关注。尤其是学术界有人对"生育基金"①,对"丁克"一族征收社会抚养税,"单身税"的提出,以及各地名目繁多的鼓励生育政策的出台,说明二孩生育问题将会成为持续不断的社会热点和研究热点,也

---

① 40 岁以下的公民每年要以工资的一定比例缴纳一笔生育基金,如果不生育二胎(及以上),就要等到退休时才能领回这笔钱。

预示了关于二孩政策的新观点、新问题、新政策也将不断出现。这说明需要我们在今后的研究中加强追踪性研究、动态性研究,不断掌握新情况,了解新动态,取得新发现。一切都在变化之中,而唯一不变的是政策的动态均衡,这是本研究的切入点,也是本研究秉承的研究观:在变化中追求均衡,在均衡中不断变化。

二是更加完善的系统性研究。二孩政策下的女性平等就业受多方面因素的影响,本研究从论题要求与研究视角出发,主要从政策因素考察女性平等就业,而在政策因素中政策变迁均衡、政策系统均衡、政策效果均衡虽然也构成了一定的分析系统,但对政策均衡的界定仍显得不够深刻和清晰,几个层面均衡的分析仍未能契合成一个完美的体系。二孩政策、相关公共服务政策构成了一定的政策系统,但本研究尚局限于政策范围的分析中,难免挂一漏万。在今后的研究中,需要对政策均衡有更系统、深入的讨论;对女性平等就业进行多角度、多因素的系统分析。此外,关于政策的定量分析也是一种趋势,本研究也还需加强。

三是层层推进的深入性研究。本研究对女性平等就业进行了分层探讨。二孩政策下的女性就业问题研究,第一层面是对女性就业问题的关注,这是最直接、最基础的研究。第二层面涉及就业中相关政策的均衡问题,这是深入一步的特定视角、影响因素的研究。第三层面则涉及国家利益和女性群体及个体的利益博弈以及利益协调问题,这是实质性、本源性的研究。当下的研究,大多着重于前两个层面的思考,而对将女性的生育和就业,上升到国家利益与女性个体利益去思考的不多。本研究虽对第三层面有所涉及,并强调了国家利益与女性个体利益关系,但对两种关系的协调与整合还研究不够。当前学术界对人口问题的研究有忽视女性权益的倾向,一些生育政策对女性观点也吸纳不够,某些政策对女性权益的保护作用不强。公共政策以人民为中心,社会性别政策以女性为本,人口问题的治理不应该以女性利益受损为代价。对二孩政策背景下的女性就业问题研究和关注,在触动社会大众对女性的生活和就业等诸多现实困境得以体察、给予理解和展现关切之外,国家政策的公共性价值应该成为未来政策调整的方向以及学术研究的关注点。

　　总之,无论未来生育政策走向如何,化解生育对女性就业的影响,让女性摆脱家庭和事业的两难困境,使女性感受到更多的政策关怀,让女性个体发展与国家人口战略实现双赢,不仅是中国及世界各国政府的重大责任,也是学术界研究的重要课题。

参 考 文 献

1. 林聚任、刘玉安主编:《社会科学研究方法》,山东人民出版社 2008 年版。

2. 赖德胜等:《2016 中国劳动力市场发展报告》,北京师范大学出版社 2017 年版。

3. 芮明杰主编:《产业经济学》,上海财经大学出版社 2016 年版。

4. 萧浩辉:《决策科学词典》,人民出版社 1995 年版。

5. 中共中央文献研究室:《建国以来重要文献选编》第 2 册,中央文献出版社 1992 年版。

6. 白海峰等:《职业女性工作家庭冲突、社会支持和幸福感的关系研究》,《金融经济》2006 年第 12 期。

7. 鲍静:《应把社会性别理论纳入我国公共管理的研究与实践》,《中国行政管理》2006 年第 8 期。

8. 邓华、张凤军、杨建平:《"动态均衡"视域下的公共政策有效性分析》,《北京邮电大学学报(社会科学版)》2007 年第 5 期。

9. 邓莉莉:《实现全面二孩政策预期效果研究——基于女性生育和就业关系的视角》,《经济与社会发展》2017 年第 3 期。

10. 戴可景:《传统文化与社会政策对妇女初婚年龄及生育率的影响》,《社会学研究》1990 年第 4 期。

11. 丁煜、石红梅:《女性就业的非正规化趋势:何以形成与如何应对》,《中华女子学院学报》2015 年第 4 期。

12. 冯立天、马瀛通、冷眸:《50 年来中国计划生育政策演变之历史轨迹》,《人口与经济》1999 年第 2 期。

13. 风笑天:《"单独二孩":生育政策调整的社会影响前瞻》,《国家行政学院学报》2014 年第 5 期。

14. 国家计生委政策法规司 P07 项目课题组:《中国计划生育与妇女地位研究》,《人口研究》1995 年第 6 期。

15. 郭未:《独弦不成曲:"全面两孩"后时代生育政策中的"自我"与"他者"》,《西南民族大学学报(人文社科版)》2017 年第 6 期。

16. 葛玉好、邓佳盟、张帅:《大学生就业存在性别歧视吗?——基于虚拟配对简历的方法》,《经济学(季刊)》2018 年第 4 期。

17. 郭慧敏、丁宁:《就业性别平等立法模式选择》,《中国青年政治学院学报》2006 年第 3 期。

18. 国云丹:《高知女性,生育与职业发展——以上海市 21 位女性为例》,《妇女研究论丛》2009 年第 2 期。

19. 黄桂霞:《生育支持对女性职业中断的缓冲作用——以第三期中国妇女社会地位调查为基础》,《妇女研究论丛》2014 年第 4 期。

20. 金舒衡:《社会福利和母职赋权——基于 OECD 国家的福利模式分类研究》,《社会保障评论》2018 年第 3 期。

21. 金一虹:《女性非正规就业:现状与对策》,《河海大学学报(哲学社会科学版)》2006 年第 1 期。

22. 康蕊、吕学静:《"全面二孩"政策、生育意愿与女性就业的关系论争综述》,《理论月刊》2016 年第 12 期。

23. 邝利芬、程同顺:《"全面二孩"生育政策下女性基本权利的保障——基于性别公正的视角》,《天津行政学院学报》2016 年第 4 期。

24. 孔静珣:《美国妇女就业问题研究》,《中华女子学院山东分院学报》2010 年第 2 期。

25. 李文钊:《向行为公共政策理论跨越——间断—均衡理论的演进逻辑和趋势》,《江苏行政学院学报》2018 年第 1 期。

26. 蓝劲松、吴丽丽、刘蓓:《知识女性社会角色定位的调查——以部分重点大学女生为例》,《青年研究》2001 年第 12 期。

27. 刘金华、彭敬、刘渝阳:《城镇女职工再生育后的职业发展支持及其效用》,《经济体制改革》2017 年第 3 期。

28. 刘伯红:《中国女性就业状况》,《社会学研究》1995 年第 2 期。

29. 李志、兰庆庆:《公民网络政策参与的制度化沟通及其实现路径——基于 2015 年网络六大舆情的分析》,《中国行政管理》2016 年第 6 期。

30. 林建军:《从性别和家庭视角看"单独两孩"政策对女性就业的影响》,《妇女研究论丛》2014 年第 4 期。

31. 刘三明等:《国外工作—家庭冲突性别差异研究综述》,《妇女研究论丛》

2013 年第 9 期。

32. 李洪祥:《"二孩政策"下保护女性就业权立法完善研究》,《社会科学战线》2017 年第 10 期。

33. 蒙克:《"就业—生育"关系转变和双薪型家庭政策的兴起——从发达国家经验看我国"二孩"时代家庭政策》,《社会学研究》2017 年第 5 期。

34. 马小红、顾宝昌:《单独二孩申请遇冷分析》,《华中师范大学学报(人文社会科学版)》2015 年第 2 期。

35. 潘锦棠:《经济转轨中的中国女性就业与社会保障》,《管理世界》2002 年第 7 期。

36. 彭希哲:《实现全面二孩政策目标需要整体性的配套》,《探索》2016 年第 1 期。

37. 任俊芳:《从欧盟基本立法中看妇女地位的提高》,《浙江学刊》2003 年第 5 期。

38. 任然:《家务劳动增加影响女性"二孩"意愿》,《中国妇女报》2016 年 12 月 13 日。

39. 石彩霞、宋效峰:《全面二孩政策背景下女大学生就业问题探索》,《山东农业工程学院学报》2017 年第 1 期。

40. 涂肇庆:《生育转型、性别平等与香港生育政策选择》,《人口研究》2006 年第 3 期。

41. 佟新、刘爱玉:《城镇双职工家庭夫妻合作型家务劳动模式——基于 2010 年中国第三期妇女地位调查》,《中国社会科学》2015 年第 6 期。

42. 王骚、靳晓熙:《动态均衡视角下的政策变迁规律研究》,《公共管理学报》2005 年第 4 期。

43. 王毅平:《社会性别理论:男女平等新视角》,《东岳论丛》2001 年第 4 期。

44. 王慧轩、赵利:《城镇女性就业歧视的经济学思考》,《东岳论丛》2010 年第 5 期。

45. 武力、李光田:《论建国初期的劳动力市场及国家的调控措施》,《中国经济史研究》1994 年第 4 期。

46. 王志章、刘天元:《生育"二孩"基本成本测算及社会分摊机制研究》,《人口学刊》2017 年第 4 期。

47. 王玮玲:《基于性别的家庭内部分工研究》,《重庆大学学报(社会科学版)》2016 年第 5 期。

48. 夏怡然、苏锦红:《独生子女政策对人力资本水平的影响研究——基于2005 年 1% 人口抽样调查微观数据的实证研究》,《南方人口》2016 年第 6 期。

49. 薛宁兰:《以良法保善治 以平等促发展——构建新时代的法律法规性别平等评估机制》,《妇女研究论丛》2018 年第 1 期。

50. 叶文振、孙琼如:《公共政策的社会性别分析——以福建为例》,《山东女子学院学报》2013 年第 3 期。

51. 叶文振:《"单独二胎"生育政策的女性学思考》,《中共福建省委党校学报》2014 年第 12 期。

52. 于正伟、胡曼云:《政策、政策供求与政策均衡——公共政策研究的供求分析框架》,《内蒙古农业大学学报(社会科学版)》2010 年第 1 期。

53. 杨代福:《西方政策变迁研究:三十年回顾》,《国家行政学院学报》2007 年第 4 期。

54. 于雁洁:《我国女性就业问题研究:经济学分析视角》,《贵州社会科学》2011 年第 7 期。

55. 杨慧:《大学生招聘性别歧视及其社会影响研究》,《妇女研究论丛》2015 年第 4 期。

56. 杨慧:《全面二孩政策下生育对城镇女性就业的影响机理研究》,《人口与经济》2017 年第 4 期。

57. 杨菊华:《"单独两孩"政策对女性就业的潜在影响及应对思考》,《妇女研究论丛》2014 年第 4 期。

58. 喻术红:《反就业歧视法律问题之比较研究》,《中国法学》2005 年第 1 期。

59. 杨无意:《日本育儿支援体系研究》,《社会福利(理论版)》2016 年第 11 期。

60. 周怀梅:《对平等就业权的简析》,《法制与社会》2011 年第 2 期。

61. 赵利:《劳动力市场性别歧视的经济学分析——基于贝克尔理论的研究视角》,《山东财政学院学》2006 年第 6 期。

62. 郑真真:《实现就业与育儿兼顾需多方援手》,《妇女研究论丛》2016 年第 2 期。

63. 张霞、茹雪:《中国职业女性生育困境原因探究——以"全面二孩"政策为背景》,《贵州社会科学》2016 年第 9 期。

64. 翟振武、张现苓、靳永爱:《立即全面放开二胎政策的人口学后果分析》,《人口研究》2014 年第 2 期。

65. 张韵:《"全面二孩"政策对女性职业发展的影响及其因应之策》,《福建行政学院学报》2016 年第 4 期。

66. 谭宁:《"间断—平衡理论框架"下的中国城镇女性就业支持政策研究》,

华东师范大学博士学位论文,2014年。

67. 赵耀:《中国劳动力市场雇佣歧视研究》,首都经济贸易大学博士学位论文,2006年。

68. 郭延军:《发展中的美国女性就业权平等保护》,华东政法大学博士学位论文,2010年。

69. 袁秀贞:《1949—1978年中国共产党鼓励妇女全面就业的政策研究》,湖南师范大学硕士学位论文,2008年。

70. 郅晓莹:《欧盟反就业歧视法律制度研究》,山东大学硕士学位论文,2009年。

71. G. S. Becker, *A Treatise on the Family*, Cambridge: Harvard University Press, 1991.

72. C. E. Landau, "Recent Legislation and Case Law in the EEC on Sex Equality in Employment", *International Labor Review*, Vol. 123, No. 2(January-Februar 1984).

73. Makika Fuwa, "Macro-Level Gender Inequality and the Division of Household Labor in 22 Countries", *American Sociological Review*, Vol. 69, No. 6(December 2004).

74. H. Collins, K. D. Ewing and A. McColgan, "*Labour Law-Text and Materials* (second edition)", Oxford and Portland, Oregon, 2005.

75. N. Ahn., P. Mira., "A Note On the Changing Relationship Between Fertility and Female Employment Rates in Developed Countries" *Journal of Population Economics*, No. 15(December 2002).

76. O.Thévenon, "Family Policies in OECD Countries: A Comparative Analysis", *Population and Development Review*, Vol. 37, No. 1(March 2011).

77. L. W. Aarssen, "Why is Fertility Lower in Wealthier Countries? The role of Relax Fertility-Election", *Population and Development Review*, Vol. 31, No. 1 (March 2005).

责任编辑：王彦波

封面设计：汪　阳

图书在版编目(CIP)数据

全面二孩政策下促进女性就业问题研究/兰庆庆 著. —北京:人民出版社，
　2022.1

ISBN 978－7－01－024244－6

Ⅰ.①全…　Ⅱ.①兰…　Ⅲ.①女性-劳动就业-就业问题-研究-中国
Ⅳ.①D669.2

中国版本图书馆 CIP 数据核字(2021)第 270414 号

全面二孩政策下促进女性就业问题研究

QUANMIAN ER'HAI ZHENGCEXIA CUJIN NÜXING JIUYE WENTI YANJIU

兰庆庆　著

人民出版社 出版发行

(100706　北京市东城区隆福寺街 99 号)

北京九州迅驰传媒文化有限公司印刷　新华书店经销

2022 年 1 月第 1 版　2022 年 1 月北京第 1 次印刷
开本:710 毫米×1000 毫米 1/16　印张:11
字数:148 千字

ISBN 978－7－01－024244－6　定价:59.00 元

邮购地址 100706　北京市东城区隆福寺街 99 号
人民东方图书销售中心　电话 (010)65250042　65289539